Roberto Garmendia

Jesús Jamás Regresará

Roberto Garmendia

Jesús Jamás Regresará

Ensayo

CREDO EDICIONES

Cover image: www.ingimage.com

Publisher:
CREDO EDICIONES
is a trademark of
International Book Market Service Ltd., member of OmniScriptum Publishing Group
17 Meldrum Street, Beau Bassin 71504, Mauritius

Printed at: see last page
ISBN: 978-613-2-83128-6

PREFACIO

Es posible que la mejor manera de presentar este ensayo sea advirtiendo a los posibles lectores las intenciones sobre el mismo. No se trata de atacar o combaterdogmas o credos, ni mucho menos, pretender tener las respuestas a las interrogantes aquí planteadas. Interrogantes que se han mantenido por siglos en la mente del colectivo y que hasta ahora, comenzando el actual siglo XXI, ni filósofos, científicos, religiosos etc. Han dado pruebas concluyentes, ni se vislumbra una aclaratoria a la mayoría de ellos.Es mucho lo que se ha escrito sobre el personaje de Jesús, más aún en los últimos tiempos, cuando la estructura del credo religioso ha caído en descredito, por causa de la conducta de muchos predicadores cristianos, llámense, evangélicos protestantes, católicos o todo aquel que profese el cristianismo como doctrina redentora. Si el lector es un fundamentalista, fanático, creyente y dogmático, lo mejor sería apartar este ensayo, pues quizás hiera sus sentimientos, creencias o emociones. Si su Fe es férrea, pues atrévase y asuma las consecuencias. Este ensayo le librará de una vez y para siempre de la creencia en una historia inventada o tildará al autor de demente e iniciara una cruzada de oración por la salvación de su alma; lo cual sería una bendición en esta época pues, en otros tiempos ya estaría achicharrado en la hoguera purificando la esencia, por los siglos de los siglos. No diga, Amén.

TABLA DE CONTENIDOS

CAPÍTULO 1

Los navíos de la muerte

Corría el año de 1492, a una isla de las Bahamas llamada Guanahani llegaba Jesús, sus apóstoles y predicadores, además de mercaderes, tres pilotos y tres contramaestres, un alguacil de la flota, un escribano y tres que llevan título de «Maestre», de los cuales uno se dice cirujano, otro físico y del tercero no tenemos calificación. De gente menor, con oficios particulares, un sastre, un tonelero, un platero, un pintor y un calafate, y del despensero de la Pinta; se habla de un carpintero, de un artillero y de más calafates. Hay dos que sirven a la persona del Almirante, como maestresala y paje; además hay un repostero de estrados del rey, y hay veedor real. Por todo, hay treinta personas, además hay otros 22 que son marineros, con 16 que son grumetes y quien no podía faltar Cristóbal Colón.

Jamás imaginarían los originarios de estas tierras de América del Sur y el Caribe, que, quienes llegaban en esos navíos, tenían antecedentes tan macabros. Si tan solo hubieran sabido que en el embalaje doctrinario que surco esos mares, venía camuflada la muerte, la enfermedad, el fuego, la espada y el sufrimiento de toda su generación, bajo el lema de "la salvación".

Una "salvación" que los libraría de la condena por los sacrificios humanos perpetuados en nombre de sus paganos dioses. Pero las madres indígenas optaron por dar una "salvación "más dignas a sus hijos lanzándolos por despeñaderos o ahogándolos antes que cayeran torturados, en manos de estos ángeles impregnados del espíritu santo.

"De esta forma las parejas sólo se unían una vez cada ocho o diez meses y cuando se juntaban, tenían tal cansancio y tal depresión… que dejaban de procrear. Respecto a los bebés, morían al poco rato de nacer porque a sus madres se les hacía trabajar tanto, y estaban tan hambrientas, que no tenían leche para amamantarlos, y por esta razón, mientras estuve en Cuba, murieron 7.000 niños en tres meses. Algunas madres incluso llegaron a ahogar a sus bebés de pura desesperación… De esta forma, los hombres morían en las minas, las mujeres en el trabajo, y los niños de falta de leche… y en un breve espacio de tiempo, esta tierra, que era tan magnífica, poderosa y fértil […] quedó despoblada."[1]

El emblema que portaban estos predicadores de la "fe", mostraba a un hombre crucificado, un hombre muerto; pero decían que estaba vivo. La imagen representaba el instrumento de suplicio; acompañada de pólvora, acero y viruela, además incluía una de las armas más mortíferas; los perros, principalmente alanos, mastines y dogos; de allí reza el dicho "aperrear"; lo cual significaba: hacer que los perros comiesen o matasen y despedazaran a los indígenas".

.

Se alega que, los principales habitantes de la tierra que encontraron los españoles —mayas, incas y aztecas— habían invadido y desplazado a sus verdaderos dueños. Y que fue ésta la razón por la que una parte considerable de tribus aborígenes —carios, tlaxaltecas, cempoaltecas, zapotecas, otomíes, cañarís, huancas, etcétera— se aliaron naturalmente con los conquistadores, procurando su protección y el consecuente resarcimiento.

Claramente el propósito de estos héroes de rapiña tenia, un fin económico; concretamente, quedarse con los metales preciosos americanos y que mejor "mensaje" que mostrar a un hombre crucificado; parecía decir el slogan "ya saben; si se ponen brutos, correrán la misma suerte que nuestro Dios; así que mejor vayan diciendo donde está el oro".

Ya la mayoría de nosotros sabe que aconteció luego de la llegada de nuestro señor a tierras indígenas. Resultado de la "evangelización en las Américas y el Caribe"; más de 100 millones de sacrificados, entre indígenas y negros. En esto de holocaustos; la Historia contada por la "élite", solo resalta los supuestos 6 millones de judíos que perecieron en la segunda guerra mundial a manos de Hitler. Dato tergiversado, pues, según las últimas investigaciones no pasaron de 900 judíos. Ya es hora que en las instituciones educativas que imparten Historia en nuestra América y países del Caribe; se tome en cuenta los estudios y publicaciones de autores latinoamericanos que han aclarado en detalle estos sucesos.

Si nos trasladamos a la época antigua, encontraremos los orígenes de tales conductas, estimuladas y amparadas por el "fervor religioso". Sacrificados por doquier en nombre de "Dios.

Desde el comienzo de la era cristiana y apenas alcanzado el siglo III de dicha época, ya se contaban por miles los "sacrificados", producto de las luchas y persecuciones por motivos religiosos.

Entre esos sacrificados, resalta el asesinato cruel y despiadado de una mujer; Hipatia de Alejandría, de quien se dice por desconocimiento, fue la primera mujer matemática; lo cual debe asignarse a Téano, la mujer de Pitágoras: Mas sin desmerito por la primacía, Hipatia fue una excelente científica, matemática, astrónoma y filosofa de la época, erudita y de extremada belleza, fue cabeza de la Escuela Neoplatónica de Alejandría.

Hipatia fue asesinada en marzo de 415 dc; por una turba de cristianos, ungidos del espíritu santo, bajo las órdenes del Obispo Cirilo, (ahora santo de la Iglesia Católica), y bajo el gobierno del Emperador Teodosio II.

Fue desollada, destajada viva, con conchas de ostras y tejas afiladas; arrastraron su despojos por las calles de Alejandría, para luego ser llevados a un lugar llamado Cinaron y acto seguido los quemaron.

Que título tan noble el que se usaría siglos después para referirse a Autos de fe de la Inquisición -Tribunal de la Santa Inquisición, a esta maquinaria de destrucción.

Así como hipatia, otros científicos y filósofos, corrieron la misma desgracia pero de diferente modo. Servat, descubrió la pequeña circulación o circulación pulmonar, se destacó en varias ramas de la ciencia; farmacología, medicina, matemáticas, geografía, anatomía, de nada le valió tanto estudio; fue quemado vivo por la santísima inquisición protestante. Giordano Bruno en 1548, filósofo, matemático y astrónomo, quemado en la santa hoguera. Guilio Cesare Vanini; físico, médico y astrónomo, quemado vivo en la ciudad de Toulouse en 1619. El 30 de Mayo de 1431, aunque no era científica; fue nada más y nada menos la Libertadora de Francia, Juana de Arco, fue quemada viva en la hoguera; tiempo atrás, se atrevió a decir «Yo tenía trece años cuando escuché la voz de Dios». Mejor te hubiera ido, si no hubieses nacido muchacha.

Que amor, que compasión, que caridad, que bondad la de estos cristianos. Podría relatar muchos hechos como estos ilustrados en la historia del cristianismo, sin relevancia para los poderosos de siempre, pues los mismas instituciones religiosas, educativas y académicas han invisibilizados o banalizado estos hechos.

Eso no lo enseñan en el catecismo, en las escuelas; no se predica de casa en casa, no se habla de ello desde los púlpitos, ni en las congregaciones protestantes. Para la "Historia" no es relevante. Relevante es la parusía, el regreso de su mesías.

"En verdad os digo que no pasará

ésta generación hasta que todo esto suceda." Mateo24:34

Los defensores de la palabra, tienen una respuesta "lógica" y argumentos infalibles para todo lo referente a las escrituras. Ya dirán: "La palabra "generación" se refiere a la gente que esté viviendo en el futuro cuando ocurran los eventos descritos.

CAPÍTULO 2

La Confesión

Dicho esto sopló sobre ellos y les dijo: "Recibid el Espíritu Santo; a quienes les perdonéis los pecados, les son perdonados; a quienes se los retengáis, les son retenidos". Juan 20:22

"Durante el siglo VII, los misioneros irlandeses, inspirados en la tradición monástica de Oriente, trajeron a Europa continental la práctica 'privada' de la Penitencia; en los primeros siglos del cristianismo era pública. El sacramento se realiza desde entonces de una manera más secreta entre el penitente y el sacerdote" (CIC 1447).

Imagino a todos los que hubieran cometido "pecado" de incesto, adulterio o asesinato, ventilarlo en plena plaza pública. Que sacramento tan calculado; que poder se desprende de este relato bíblico; herramienta de control total. Público o privado, es igual, jamás fue privado. Con los antecedentes e intrigas papales por las luchas de poder, la revelación de un secreto valía oro. Está y estaba tan bien calculada esta herramienta de control que quien no se confesará no podía recibir el sacramento de la comunión -para En el cristianismo, la comunión o eucaristía es el sacramento que consiste en la transformación de un pedazo de pan (conocido como hostia) y del vino en el cuerpo y la sangre de Cristo para que estas sustancias sean recibidas por el creyente-así que quisiera comunión debía ir al confesionario y soltar la lengua primero, sin saber a quién le revelaba sus pecados, secretos y chismes, ya que el confesionario estaba hecho de manera tal que no se detallara el rostro del sacerdote. Buena treta esta, pues si salía a luz pública el secreto de estado, chisme o pecadillo propio o en su mayoría el de otro; el chismoso, ingenuo o incauto no podría identificar que sacerdote lo delató.

La Eucaristía por su parte exigía la fiel convicción por parte del creyente, que era real la trasmutación inmediata del pan en el cuerpo de cristo y el vino en su propia sangre- transubstanciación-. Lo cual convertía el acto en una práctica de canibalismo y vampirismo. Quizás esta práctica tuvo en la evangelización de los indígenas de la América del sur y centro América, la función de cambiar el ritual de sacrificio humano –ritual que consistía precisamente en prácticas caníbales y vampirescas-por un ritual menos dantesco.

Las confesiones producen en muchos niños graves distorsiones de conciencia, hay casos que para no desilusionar a los sacerdotes, muchos niños católicos a veces "inventan pecados", para luego poner en práctica los rezos que los librarán de tales pecados. Como decía el Filósofo Friedrich Nietzsche "Se susurra con la boquita se inca y se sale – y con el nuevo pecado, el antiguo es borrado"

La Iglesia a través de la Historia ha sido catalogada como la Organización con el mejor servicio secreto del mundo.

Estrategia esta aplicada a los moribundos; es mucho lo que "cantan" los pecadores al momento de su hora. Aquél que muere en estado de "pecado mortal" sin confesión, según la enseñanza católica, va a la "eterna condenación".

Ése moribundo que guardo secretos a su esposa, madre e hijos u organización política o empresarial; va y le cuenta a un extraño, lo que tenía sepulto en su "sucia conciencia".

Que poder el de la Iglesia, no se compara con la CIA, La Gestapo, o el FBI.

Gracias a "Dios" los métodos de confesión han cambiado; en la época de la inquisición sacaban la confesión, con clavos encendidos en las uñas, estiramientos de miembros, inimaginables torturas, y para rematar al final le cortaban la lengua para que no confesara a otros lo que le habían hecho; si quedaba alguna duda, le metían al "Santo Fogón". Santo remedio

Hace poco tiempo, La Iglesia Católica de Estados Unidos y la del Reino Unido le dieron su visto bueno a una aplicación o app para el teléfono iPhone que sirve de guía a los fieles para la confesión; de inmediato, el Vaticano aclaró que el programa no debe ser considerado un sustituto del acto de confesar los propios pecados a un sacerdote; en otras palabras si la confesión no es directa de pecador a sacerdote te vas directo a la paila si te sorprende la pelona sin haberte confesado , como debe ser. Según las escrituras Jesus recomienda; si ofendiste a tu hermano , anda y pídele perdón; es la manera más lógica y sincera de saldar una ofensa; ¿que zipote tienes que contar a un extraño el problema con tu hermano?; si robaste una buena cantidad de dinero a tu vecino, devuelve lo robado o págalo a tu vecino, ¿ qué diablo tiene que meterse por el medio a un sacerdote, que te enviara a rezar tres padres nuestros , dos credos y listo, santo remedio, no vuelvas a pecar hijo mío ; ¿qué paso con lo robado al vecino?, nunca lo devolviste, claro que vas a devolver si te lo gastaste en alcohol y drogas con tus panas. A cada robo, un rezo, un perdón, a cada rezo y perdón otro robo, así se estimula al delincuente.

Yo, como sacerdote conmino al ladrón a resarcir el daño directamente con el agraviado, le doy tres días, si no lo hace, directo a denunciarlo a la policía, es más en plena misa , le digo desde el público – epa tú, ladrón , ¿devolviste la plata a la señora que robaste? te tengo pillado. "LADRÓN", para que todo creyente sepa que la justicia divina funciona; que a los ojos de "Dios" no hay nada oculto. Pero con esa alcahuetería no vamos a ningún lado, simplemente el sacerdote se convierte en un cómplice. Que precisamente es lo que ha pasado en la Historia de la Iglesia, confesión secreta a conveniencia; utilización de información para beneficio propio, puro hampón, desde papas hasta monaguillos, no hay uno sano, sin dejar fuera de este combo a la tan venerada “Madre de Calcuta”. Esta “Madre”, (que no sé porque a quien no pare le dicen Madre y a los hombres “castrados mentales”, le llaman padre) tiene una muy mala reputación en la India.Un doctor de Calcúta refiere: **AroupChatterjee**[2]

“ni en Occidente ni en India se quiere oír porque nadie quiere saber que su icono de la compasión, premio Nobel de la Paz, era una fanática religiosa amiga de dictadores, ricos y corruptos. A los pobres les pidió resignación y los ayudó a morir, pero sin darles cuidado profesional; a los moribundos no se les daba ningún analgésico fuerte, incluso en los casos más extremos, y los cuidados no eran profesionales, carecían de la más básica higiene, sufrían condiciones de tortura”.”

.

Esta “madre” o “La Madre Teresa”, nombrada por los medios de comunicación como “El Ángel de los Pobres”, murió en 1997 y fue beatificada en el año 2003…; comandaba un grupo de hermanas; de las cuales se rumoraba “todo el mundo sabe que las hermanas tienen muchísimo dinero ¡pero nadie sabe lo que hacen con él!”; quedara en la Historia como “El Ángel del demonio” y sus hermanas las secuaces. Ésta desquiciada decía: <<el sufrimiento de los pobres es un don de Dios: Hay algo muy bello en ver a los pobres aceptar su suerte, sufrirla como la pasión de Jesucristo; el mundo gana con su sufrimiento>>.

En el Hospicio de Calcúta, las agujas eran recicladas, todos los pacientes eran obligados a llevar la cabeza rasurada, se prohibía recibir visitas y los analgésicos casi no se usaban. Las enfermeras no hablaban el idioma de la gente y no se involucraban en el cuidado de los pacientes. Esta labor siempre la realizaban voluntarios; pero cuando ella enfermaba sólo se internaba en exclusivos y lujosos hospitales para tratarse.

Después de analizar bien éstas “santas referencias”; prefiero llevarme mis “confesiones” a la tumba, antes de contarlos a personas con estos antecedentes; en el mejor de los casos que me peguen un “fogonazo” para que se les haga más difícil buscar entre las cenizas restos de alguna neurona delatora de mis pecados.

CAPÍTULO 3

El fracaso de la oración en la Edad Media

Y Él les dijo: Por vuestra poca fe; porque en verdad os digo que si tenéis fe como un grano de mostaza, diréis a este monte: ``Pásate de aquí allá, y se pasará; y nada os será imposible.

Mateo 17:20

Que se sepa, lo único que movió montañas fue la dinamita; ironía de la historia que fuese inventada por Nobel; de quien se tomó el nombre en próximas generaciones para asignar los premios de la Paz.

En Caffa (la actual Feodosia, Ciudad Natal del pintor del cuadro de la portada de este libro), ciudad mercantil situada al sur de lapenínsula de Crimea, hacia el año 1266; los italianos construyeron plazas fortificadas para asegurar sus mercancíasy mantuvieron intercambios con los mongoles durante variasdécadas. Al siglo siguiente, una conversión al islam a gran escala fragmentó el Imperio; la presencia de cristianos empezó a verse con una creciente hostilidad y en 1343 comienza una pugna entre mongoles y cristianos.

Entrado el año 1348, ningún mortal podía imaginar la tragedia que se avecinaba en ese continente. En medio de la pugna apareció una epidemia, que se había originado en el interior de Europa y atacaba a infieles y cristianos por igual. Los enfermos guerreros, con la piel amoratada, fallecían con rapidez entre fiebres súbitas y pútridos bubones, que crecían deformes en sus ingles y sus axilas. Parecía como si una cólera Divina hubiera desencadenado la epidemia de pronto sobre los infieles, pero no se comprendía el por qué, la cólera Divina alcanzaba también a los fieles, siendo estos protegidos del Dios verdadero. Los cristianos por más que se deshacían de los cadáveres lanzándolos al mar; seguían cayendo gravemente enfermos.

Los infieles colocabanlos cadáveres sobre las máquinas de asedio y los lanzaban por encima de las murallas hacia a la ciudad de Caffa. En poco tiempo se infectó todo el aire, se envenenó el agua, y se desarrolló tal pestilencia que apenas consiguió escapar a la mortandad, uno de cada mil. He aquí el origen y los primeros casos del uso como arma, las bacterias, ahora llamadas guerras bacteriológicas. La peste se propago por toda la geografía europea en pocos años lo cual causo aparte de una mortandad, una crisis social económica y religiosa sin precedentes. Solo Islandia y Finlandia lograron eludir la peste debido al aislamiento y una reducida población.

La idea del castigo de Dios se generalizo, para explicar las causas de tal devastación; cundió el desacierto; se buscan culpables; la secta de los flagelantes pensaba que con sus acciones expiaban los pecados propios y colectivos; pedían las cabezas de clérigos; los sacramentos y eucaristías, estaban en tela de juicio. Los flagelantes instigaban el asesinado y ajusticiamiento de miembros de la iglesia por incapaces y pecadores e igualmente fueron perseguidos y ajusticiados los judíos, acusados de envenenar los pozos y diseminar la peste.

Hacía poco tiempo Europa había superado el terror de la Nochevieja que daba entrada al segundo milenio de la cristiandad.

Aquella interminable noche del 31 de diciembre de 999en labasílica de San Pedro enRoma, la plaza se hallaba atestada por una multitud de hombres y mujeres que rezan entre lamentos, llanto y gritos, en espera de lo que había sido anunciado por el ApocalipsisdeSan Juan.

"Y vi un ángel que bajaba del cielo con la llave del abismo y con una gran cadena en la mano. Se apoderó del dragón, de la serpiente antigua, que es el diablo y Satanás, y lo mantuvo encadenado durante mil años. Lo arrojó al abismo, que cerró y selló, para que no extraviase más a las naciones, hasta que se cumplieran los mil años. Después de esto habrá de ser soltado por un poco de tiempo" Apocalipsis 20,1-3

No bien se hubiera completado la cifra de mil años, vendría el Anticristo y al poco tiempo se produciría el Juicio Final.

Terror infundado por la misma iglesia pues la Biblia no estaba a la mano de cualquier analfabeto de la época y las interpretaciones las daba el clero, ya que la misa se daba en latín –misa tridentina- El calificativo de «Tridentina o Latina» se refiere a su origen Romano; ya que el rito fue finalmente codificado y luego extendido a toda la Iglesia por iniciativa del Concilio de Trento.[3] El papa Silvestre II oficiaba la misa en el interior de la basílica y al terminar esta, se hizo un silencio absoluto hasta marcar el reloj las 12 de la noche. Todos los presentes en la Plaza, estallaron en alegrías, sonrisas y agradecimiento; las plegarias habían sido escuchadas por el Hijo de Dios y el Padre en su infinita misericordia y paciencia había "postergado" la debacle.

300 años después se cumplía la profecía, con retardo, pero profecía de obligatorio cumplimiento al fin. Los ángeles del señor, ahora traían un invento de ingeniería molecular,- entiéndase, cultivo de bacterias (Yersiniapestis)- para repartirlo de manera invisible y equitativa, entre los habitantes de Europa. Una terrible Pandemia. Se había acabado la paciencia del señor, esparciría su venganza y su cólera entre una población de mujeres, ancianos, hombres y niños inocentes; en el siglo XIV, entre 1347 y 1353, matando a más de un tercio de la población europea. La Pandemia se extendió por África, Asia y Europa. Estimaciones actuales cifran en unos 100 millones la cantidad de muertos totales de la pandemia más del 20% de la población mundial de esa época. Bendito sea el Señor. Hasta la fecha, la yersenia no ha sido

erradicada del planeta, las últimas investigaciones demuestran que se esconde, cual refugio, en uno de los seres vivos más numerosos sobre la faz de la Tierra: la ameba.

Así repentinamente como llego la peste, asimismo desapareció. Lo sorprendente es que los creyentes nunca abandonaron sus creencias ni su Fe en un Dios sordo y vengativo.

Me pregunto, ¿qué pecado tan grande pueden haber cometido los mortales de esa época?, ¿qué ofensa tan hiriente pueden haber hecho al señor de los cielos, como para que se desatara esa venganza que alcanzaría hasta los niños inocentes de todo "pecado"?, ¿sería que el pecado original también fue tomado en cuenta?

¿Qué ofensa se le puede hacer a un Dios omnipotente, para que desate una ira con unas consecuencias de tal magnitud?

¿Qué significa pecado? En hebreo la palabra común para "pecado" es jattáEth, חטאque también significa "errar" en el sentido de no alcanzar una meta, camino, objetivo. En latín (peccātum) es la transgresión voluntaria y con conocimiento de un precepto.

¿Que no reconozcas a una deidad, que no la alabes ni rindas pleitesía, justifica semejante atrocidad? Quizás eso podría atribuirse a los infieles, pero los mismos creyentes cristianos fueron víctimas de la ira de Dios. Que alguien me lo explique, porque no lo comprendo.

CAPÍTULO 4

El bautismo

"Id, por tanto, y haced discípulos a todas las naciones, bautizándolos en el nombre del Padre, del Hijo y del Espíritu Santo".

Mateo 28:19

Esta es obviamente una adición posterior al evangelio, por dos razones:

a. Le tomó a la iglesia más de doscientos años de lucha (algunas veces sangrienta) acerca de la doctrina de la Trinidad antes de que esta fórmula bautismal entrara en uso. Si hubiese estado en el evangelio original, no habría habido ninguna lucha.

b. En Hechos, cuando la gente es bautizada, lo es sólo en el nombre de Jesús (Hechos 8:16, 10:48, 19:5). Pedrodice explícitamente: "Arrepentíos, y bautícese cada uno de vosotros en el nombre de Jesucristo para perdón de los pecados" (Hechos 2:38).

El bautismo simboliza la muerte de nuestra manera de vivir anterior y el comienzo de una nueva vida como cristianos dedicados a Dios y debe ser un acto de fe. Me pregunto, que tiene que ver eso con los niños. Ese llamado "sacramento" debería aplicarse a personas con uso de "razón"que desean dedicarse a una vida religiosa. Se instauro como otra forma de dominio y compromiso. Tanto que, en lo que respecta a américa latina hasta los años 60; para inscribir a los niños en las Escuelas Laicas solicitaban como requisito la carta de bautismo. Que absurdo, como absurda las muertes sucedidas en el pasado, tanto de defensores y detractores de tal práctica.

«**MaeykensWens**[4] algunas de sus compañeras en la fe, quemadas por el testimonio de Jesucristo en Amberes, 1573»

Una mujer piadosa llamada MaeykensWens, era mujer del fiel ministro de la iglesia de Dios llamado Mateo Wens, de profesión albañil. En el mes de abril de 1573 ella y algunas compañeras de la fe fueron aprehendidas en Amberes, y encerradas en la cárcel más dura de la ciudad. Entonces los eclesiásticos la sometieron a mucho conflicto y tentación, intentando apartarla de la fe. Pero cuando de ninguna manera, ni siquiera con las torturas más severas, pudieron obligarla a apartarse de su fe, el día 5 de octubre de 1573 fue leída su sentencia. Ella y sus compañeras, que también se habían mantenido en la fe, serían quemadas públicamente como herejes hasta que no quedara más que las cenizas".

[Esta sentencia se ejecutó el día siguiente.]

En la época en que surgieron los anabaptistas, los campesinos de Europa central protagonizaron alzamientos revolucionarios contra la nobleza que les tenía oprimidos bajo el yugo pesado de una sociedad feudal. Estos alzamientos fueron perseguidos y disueltos por las autoridades eclesiásticas, tanto las católicas como las protestantes. Los Anabaptista se caracterizaron por liberar a las comunidades de la opresión y la injusticia; su legado fue "la no violencia", lo cual incentivó en sus detractores precisamente, lo contrario. Sigo compartiendo el lema "la mejor defensa es el ataque".

Continuando la cita:

"El hijo mayor de Maeykens, [4] llamado Adrián, tenía unos 15 años, y no pudo resistir el deseo de ver la ejecución. Cogió en brazos a su hermanito de tres años, llamado Juan, y se subió a un banco en la plaza, no lejos de donde estaban preparadas las estacas, para contemplar la muerte de su madre. Pero cuando la trajeron y la ataron a la estaca, Adrián se desmayó y se cayó al suelo, donde permaneció inconsciente hasta que su madre y las demás ya habían ardido. Después, cuando la gente se hubo marchado, habiendo recobrado el conocimiento, fue al lugar donde habían quemado a su madre y hurgó entre las cenizas. Encontró el tornillo con el que le habían sujetado la lengua y se lo quedó como recuerdo de su madre".

A los mártires se les sujetaba la lengua con una especie de tornillo, para que no cantaran y alabaran a Dios, pues confundían al pueblo y quitaba credibilidad a las autoridades.

Estos mártires se debieron a grupos radicales que "rebautizaban" a los adultos, ya que consideraban, que los niños no comprendían la función del sacramento y por lo tanto debía, reformularse la práctica.

A este grupo de "disidentes "se les llamo los Anabaptistas de los cuales queda hoy un reducto, los actuales Amish. [5]

¿Fue el anabaptismo, un movimiento? No, fue una institución centralizada que practicaba la ética de amor indefenso: objeción de conciencia, no violencia; solidaridad en necesidades materiales; Células pequeñas, íntimas, de compromiso hasta la muerte (por persecución y clandestinidad). Sectarismo: certeza de poseer la verdad que ningún otro poseía. Apego radical a la Biblia: ni credos ni papas ni concilios ni teólogos universitarios; sino la Biblia leída por ellos mismos, frecuentemente campesinos sencillos. Muchos fueron perseguidos y ejecutados.

Las persecuciones fueron legalizadas tanto por la ley civil como por la sanción eclesiástica. En Alemania, por un edicto del Rey Fernando en 1527, la muerte fue prescrita como el castigo del anabaptismo. El Emperador Carlos V ordenó a los suyos que les persiguieran y los mataran. En 1529 en la Dieta de Espira, se ordenó que todo Anabaptista debía ser castigado con la muerte. Se reunió en Hamburgo en 1536 una Dieta compuesta de reformadores de Alemania y sus secuaces tanto en la Iglesia como en el Estado.

El **pentecostalismo** tiene grandes influencias del metodismo de **John Wesley** (1703-1791).

Según https://www.Ecured.cu la Iglesiapentecostal protestante cristiana surgió en los Estados Unidos en la primera década del siglo XX.

En lo que respecta al movimiento pentecostal moderno el cual nació el 1 de enero de 1901, en un pequeño colegio bíblico de Topeka, Kansas.EEUU. El colegio era dirigido por **Charles Parham**, un pastor metodista, y pronto se extendió por diversas denominaciones e iglesias alrededor del mundocontribuyo a la propagación de la plaga iniciada aquel "día de pentecostés".

En 1906 William Seymour, quien era hijo de esclavos, fue a una pequeña iglesia de Los Ángeles, Estados Unidos para predicar que hablar en lenguas era parte del camino a la salvación del alma. La congregación rechazó su mensaje y lo echó.

Seymor inició entonces su propio grupo de oración, primero en casa de un amigo y después en una iglesia abandonada del nordeste de Los Ángeles. En pocas semanas lo que al principio parecía un pequeño culto sin importancia se había convertido en un gran movimiento.

El 18 de abril de ese mismo año, 5 semanas después que llego Seymor a la región; San Francisco se vio conmovida por un intenso terremoto. Muchos consideraron el sismo como un indicio del Apocalipsis. Las reuniones de oración de Seymour se convirtieron en tal despelote que las autoridades se vieron en la necesidad de apostar policías a las puertas de las congregaciones.

Los vendedores pregonaban los titulares de la prensa "cursos para hablar en lengua, desata nueva secta de fanáticos". Lo más llamativo era que negros y blancos participaban del culto bajo el mismo techo. ¡Aleluya!. En ocho meses, casi 20 misioneros del movimiento salieron hacia África, India y China para iniciar iglesias pentecostales.

Los revivalistas también establecieron iglesias pentecostales en el sur y el medio oeste, incluyendo la Pentecostal HolinessChurch, la Church of God en Cleveland, Ohio, y la Church of God in Christ en Memphis, Tenesse. (EEUU). No faltó mucho tiempo para que la plaga se extendiera hasta Centro América, América del sur y el Caribe.

El show y los cursos de hablar en lenguas se mantienen vigentes hasta el día de hoy, con la diferencia que el candelazo pentecostés lo provoca el pastor de turno; con solo darle un empujón en la frente al ya sugestionado creyente es suficiente para que caiga patas arriba lleno del "espíritu santo" y pronunciando fluidamente abadashagararararapataparriba.

El lector puede entrar en cualquier buscador de la Web y visitar un site con Traductor de lenguas online para creyentes Protestantes.

CAPÍTULO 5

Deslastrarse de los rituales

Mi memoria no es muy fiel, sin embargo trataré de resumir mi experiencia religiosa.

Tendría quizás 7 años de edad cuando me obligaron al bautismo, ya tenía el tiempo vencido y mi maestra, mis familiares estaban harto de tratar con un diablillo no bautizado. Lo primero prepararme para el bautismo. Lo que más me gusto de la preparación fue la ropa nueva. Mis Padrinos de Bautismo y confirmación eran familia, gente de color, con rasgos indios y negros. Yo soy de piel blanca. Fui criado por una tía con los mismos rasgos de mis padrinos.

El Padrino que tenía asignado era el tío que me crio y quien me hizo feliz la infancia; personaje polifacético despegado un poco de la tierra; un tanto bohemio, poeta, trovador, declamador, músico, de quien se decía que tenía unas cuantas tejas corridas en su azotea. No sé si por estos motivos, a última hora cambiaron la seña y lo enviaron a jugar banco. Asignaron al bate a otro tío de quien llevo su nombre.

También escogieron al Padrino de confirmación, la verdad, jamás entendí que es lo que iría a confirmar.

En la adolescencia al ver las fotos de mi bautismo me cuestionaba. ¿Cómo es esto? Dos padrinos con ancestros indígenas y negros, quizás descendientes de esclavos, dominados por los blancos conquistadores ¿eran mis representantes ante la iglesia? Iglesia que asesinó, descuartizo, torturo a mis ancestros. Algo no cuadra en todo esto me decía. Total, al fin fui bautizado, lo que para mí no tuvo trascendencia alguna. Parece que se cumplía con un requisito escolar, pues más adelante me tocaba otra ceremonia para la cual debía prepararme. La primera comunión.

Para esta ceremonia hubo más preparación, visita a iglesias, sermones, directrices, etc. Llegó el día de la primera comunión, entendía que me casaría con cristo, algo que no estaba muy de acuerdo, nunca he tenido esa tendencia homosexual. Tendría unos 11 años, imposible oponerme al dictado de los mayores.

Otro traje nuevo ¡Caramba! Esto si es elegancia, hasta con guantes blancos, zapatos negros relucientes. Esto debe ser apoteósico, pensaba para mis adentros.

Al entrar al templo nos agruparon en pareja; yo deseaba que me tocara una españolita preciosa de la cual estaba prendado, era mi princesa, mi blanca nieve, mi bella durmiente, pero para mi sorpresa me toco , una negrita estilo africano con la cual ya había tenido en la escuela un encontronazo por problemas de niños. No recuerdo que me hizo en la escuela, lo que si recuerdo es que le dije ·" y tú, negra fea" (cuanto me arrepiento por esas palabras); eso me valió una reprimenda de parte de la maestra, hasta llamaron mi representante a la escuela. No sabía yo que tanto había ofendido a la niña. Con el tiempo supe que tenía tendencias racistas, quizás inculcadas por el entorno. Era simplemente un niño. No soy una persona racista, he comprendido que nadie escoge ni donde nace, ni a que raza pertenecerá, nadie es más ni menos que yo; respeto a todo ser humano por igual.

Todo hacía pensar que me casarían con la "negrita", no me quedo más remedio que seguir el ritual. Confesión (en la cual no solté prenda), eucaristía (mastique la ostia violando el precepto, jamás la hubiese tragado entera por más que lo intentara), pensé que me darían vino para pasar el tarugo, pero el condenado cura se lo tomó él solo. De la experiencia de ese sacramento no me quedo nada agradable, solo los zapatos, porque el traje más nunca lo use. Me quedo si, hasta el día de hoy, la decepción de no haberme casado con mi princesa.

Salí programado y automatizado de ese proceso, no podía ver un "santo", pasar por frente de una iglesia, porque me hacia una cruz encima.

En la calle donde me crie; en una de las casas había una imagen de una virgen fabricada en metal, la cual tenía una ranura por donde se le depositaba dinero, cada vez que pasaba por allí me intrigaba esa virgencita y curioso como siempre me preguntaba, ¿Quién recibirá ese dinero y para qué? Mi tía decía "es para los pobres"; eso no lo creí jamás, algo extraño pasaba con esa virgencita, hasta pensé mandar fabricarme una, pues me sentía con derecho ya que me consideraba pobre, nunca tenia para comprarme un chocolate, una golosina ni un refresco. Deseche la idea de la virgencita pero me propuse deslastrarme del ritual de la cruz que me tenía harto. Probé un día no hacerme la cruz a ver que sucedía, no sucedió nada extraordinario, nada malo aconteció, ese día ni los que siguieron; casi un mes, quizás dos bastaron para deslastrarme de semejante atadura. Igual hice con los rezos, harto de repetideras sin sentido...-danos hoy el pan de cada día- ¿acaso la palabra no decía que nos maldijo el señor y que debíamos buscar el pan de cada día con trabajo y no mendigar? -perdona nuestros pecados- ¿cuáles pecados? -así como nosotros perdonamos a quienes nos ofenden- yo no perdonaba a quien me ofendiera-decidí que no tenía sentido seguir con rezos. Me olvide del padre nuestro, del Credo, del Ave María y pare usted de contar, era tal la programación, que me embruteció la red neuronal.

La tradición se impuso; al nacer mi hijo -por convencionalismo familiar y creencias de mi esposa -fue bautizado por mi Padrino de confirmación, de fenotipo y rasgos indígena, compinche de las tremenduras de mi adolescencia y a quien quiero y admiro muchísimo.

CAPÍTULO 6

Mamotreto Literario

"Y si alguno quitare de las palabras del libro de esta profecía, Dios quitará su parte del libro de la vida, y de la santa ciudad y de las cosas que están escritas en este libro"

Apocalipsis 22:19

¿Quizás la referencia se hacía solo al Libro de Apocalipsis? Esa advertencia debió estar al principio, en el Libro de Génesis. ¿Cuantas copias no se hicieron de la Biblia? ¿Cuántos copistas metieron sus manos en ella? ¿Cuantos Concilios cambiaron a su antojo los textos? Demasiados.

Hagamos una simple revisión de algunos pasajes del Génesis en el Antiguo Testamento. (Aunque no fue el primer libro escrito de la Biblia)al toparse con tales incongruencias, le buscan miles de interpretaciones y justificaciones para convencer al ignorante; práctica ésta que mantiene con las arcas llenas a miles de pastores y escritores protestantes. Cuando se ven en aprietos de interpretación de inmediato cambian el tema o usan la falacia" Ad Hominis" [7] etiquetando al interlocutor de demonio. "apártate de mí satanás".

Más adelante; en los Evangelios:

-Según Marcos 16:5, un joven con túnica blanca estaba sentado dentro de la tumba.

Según Lucas 24:4, dos hombres en vestiduras resplandecientes se pararon junto a ellas. No está claro si los hombres estaban dentro de la tumba o fuera de ella.

Según Juan 20:4-14, María y Pedro y el otro discípulo al principiosólo encuentran una tumba vacía. Pedro y el otro discípulo entran a la tumba y hallan sólo los lienzos. Luego, Pedro y el otro discípulo se van y María mira dentro de la tumba y halla a dos ángeles con vestiduras blancas. Después de una corta conversación con los ángeles, María se da vuelta y halla a Jesús

Según Marcos 16:8, "no le dijeron nada a nadie". Según Mateo 28:8, "corrieron a informar a los discípulos de Jesús".

Según Lucas 24:9, "informaron de estas cosas a los once y a todos los demás".

Según Juan 20:18, María Magdalena anuncia a los discípulos que ha visto al Señor

Los Salmos rezan que dijo "Dios mío, ¿por qué me has abandonado?", en el evangelio de Lucas dijo esto "Padre, en tus manos encomiendo mi espíritu" y en el evangelio de

Juan dice:... tras beber un trago de vinagre. Jesús exclamo "¡Consumado es!"

¿Quién descubrió la tumba vacía?

Según Mateo 28:1, sólo "María Magdalena y la otra María".

Según Marcos 16:1, "María Magdalena, y María la madre de Jacobo, y Salomé".

Según Lucas 23:55, 24:1 y 24:10, "las mujeres que habían venido con él de Galilea". Entre estas mujeres estaban "María Magdalena y Juana y María la madre de Jacobo". Lucas indica en el versículo 24:10 que había por lo menos otras dos personas.

Según Juan 20:1-4, María Magdalena fue a la tumba sola, vio la piedra quitada, corrió a buscar a Pedro, y regresó a la tumba con Pedro y otro discípulo.

En las mujeres que visitaron la tumba: unos dice que una otros que dos y otro que tres. Juan dice que fue solo la Magdalena. Y los que coinciden habla de diferentes mujeres.

La hora de la visita: unos dicen que en el día; otros que en la madrugada.

Lo que hicieron las mujeres: unos dicen que se callaron y otros que fueron a contárselo a los apóstoles.

Lo que hicieron los apóstoles: unos no creyeron y según Juan, Simón si le creyó a la Magdalena.

En cuántos hombres que habían dentro de la tumba cuando las mujeres llegaron: uno dicen que un ángel se sentó en la roca después de moverla, otro que había un hombre dentro, otro que dos hombres dentro. ¡Que despelote, hermano!

La Biblia en toda su extensión, no soporta un análisis histórico. Las contradicciones asoman por doquier. Un poquito más de paciencia amigo lector y hagamos una simple revisión de Mateo 27:51-53, en el momento enque Jesús moría, hubo un terremoto que abrió tumbas y muchas personas fueron levantadas de entre los muertos. Por alguna razón, permanecieron en sus tumbas hasta después de que Jesús fue resucitado, momento en el cual fueron a Jerusalén y fueron vistos por muchas personas

La ascensión: De acuerdo con Lucas 24:51, la ascensión de Jesús tuvo lugar en Betania, el mismo día de la resurrección.

Según Hechos 1:9-12, la ascensión de Jesús tuvo lugar en el Monte de los Olivos, cuarenta días después de la resurrección.

En Marcos 8:12, Jesús dice que "ninguna señal le será dada a esta generación".

Contradiciendo a Marcos, en Mateo 12:39 Jesús dice que sólo una señal sería dada - la señal de Jonás. Jesús dice que, así como Jonás pasó tres días y tres noches en el vientre de la ballena, Jesús pasaría tres días y tres noches en el corazón de la tierra. Aquí Jesús hace una predicción incorrecta - sólo pasa dos noches enla tumba (las noches del viernes y el sábado), no tres noches.

Muchas personas seguían a Jesús "porque veían las señales que hacía" (Juan 6:2)

La higuera: En Mateo, la higuera se marchita en seguida y los discípulos comentan este hecho (Mateo 21:19-20).

En Marcos, la higuera no se marchita sino hasta por lo menos el día siguiente (Marcos 11:20-21).

¡Ya estoy harto!; perdí la paciencia.

El lector preguntaría, ¿Por qué tanta exigencia y meticulosidad en analizar los textos bíblicos?; ¿será para desacreditarlos?; antes de responderle; le haría una pregunta a mí estimado lector: ¿Le parece poca cosa?; depende de la credibilidad en la palabra de Dios que vaya al cielo o al infierno por el resto de la eternidad. Los mensajeros de la palabra y todos esos eruditos que han revisado los textos o eran analfabetos o mentirosos. Pongamos una alegoría: Que haría usted si antes de montarse en un avión, escucha la conversación entre dos pilotos que lo conducirán de manera "segura" a su destino; pero no se ponen de acuerdo en la interpretación de directivas de navegación según las cartas aeronáuticas.

Piloto: La carta dice que debemos aterrizar por la pista 18.

Copiloto: Pero en esta sección dice que debe ser por la 360.

Piloto: debe ser un error de transcripción.

Copiloto: ¿cuál opción tomamos?, según las normativas aeronáuticas debemos apegarnos rigurosamente a lo que expresan las cartas de navegación, pues están revisadas y autorizadas por la máxima autoridad aeronáutica. Piloto: esto debería denunciarse a la autoridad competente.

Copiloto: Creo que no es el momento. Debemos tomar una decisión de vida o muerte que decidirán la vida o la muerte de 300 almas que llevamos a bordo tanto los pilotos como los predicadores tiene una inmensa responsabilidad, la equivocación de unos nos llevaría a una muerte desastrosa, y la de los otros a la perdición. Doble catástrofe. Perder la vida o la eternidad por un error de interpretación sería nuestro destino. Usted decide si viajar. Usted decide si creer en las escrituras.

Algunos estudiosos de la Biblia han detectado como mínimo unas 463 contradicciones en este mamotreto literario; hasta han creado una infografía interactiva con la intención de proporcionar una herramienta de análisis; donde se puede buscar por Libros de la Biblia o personajes. Por ahora está en inglés; contiene además datos estadísticos de otros tópicos de interés.[8]

Imagínese usted, que es el navegante del navío de la portada de este ensayo; no ve tierra por ningún lado y tiene un mapa con 463 contradicciones.

Que Dios haya escogido las cuevas para dejar mensajes a la humanidad, me parece otro absurdo. Colocando a la humanidad en el dilema del juego del "escondite", recogiendo pedacitos que concuerden con otros, rompecabezas, un pedazo de evangelio por aquí otro allá;

Los escritores de los evangelios se contradicen entre sí. Los escritores de los evangelios reescribían la historia cuando se adaptaba a sus propósitos. Los evangelios fueron editados extensamente para adaptarlos a los dogmas evolutivos de la iglesia.

¿Cómo le explicaría esas contradicciones a un niño que va a hacer su primera comunión?

Conclusión: la Biblia no es, en ningún sentido, la palabra de Dios.

Respecto a los Evangelios apócrifos. [9]

Sinceramente no creo que un tal "Dios" haya optado por difundir "la verdad" a través de mensajitos escritos en cartoncitos diseminados –entiéndase pergaminos o códices-, escondidos en cuevas, esperando que caminantes o arqueólogos sudando la gota gorda y excavando encuentren "la palabra" enviándolas a los centros de investigación o universidades para desempolvar los enigmas. Eso es un absurdo.

Otro asunto; el de las reliquias; este comenzó en el año

326, cuando Santa Elena, madre del emperador romano Constantino, [10] fuera en peregrinación a Jerusalén y encontrara restos de los instrumentos de la pasión; para regresar llevando consigo varios.

Cuanto engaño a la humanidad; reliquias inventadas, reliquias que en muchos casos justificaron extorsiones, asesinatos y hasta guerras; desde el agua bendita hasta los clavos de la cruz de cristo; de los cuales "se han encontrado" más de 200.

Se concedieron las indulgencias (perdón de los pecados), llegándose a grotescos registros como el de Federico el Sabio de Sajonia, quien contaba con 5.005 reliquias, garantía de 127.799 años de indulgencia. Calvino [11] decía sobre las supuestas astillas de la verdadera cruz del calvario, que eran tan numerosas que podrían llenar un barco. Un bendito "sudario "o "Sabana Santa" que contiene una imagen, la cual, para cualquier neófito que la observe, notaria que esa imagen se asemeja más a una pintura mal elaborada del siglo XIV.

El tal Cáliz; unos dicen que era la copa donde se "echaba sus palos" Jesús. Ahora, en el libro El código Da Vinci se habla del **Grial** como una mera representación simbólica del supuesto linaje o "sangre" de

Jesús a partir de un matrimonio secreto con **María Magdalena;** no es más sino el hijo de Jesus con la Magdalena. Que ganas de enredarlo todo.

Hablemos ahora del personaje en cuestión.

El personaje de Jesus es un invento, una mezcla de dioses paganos. Para el occidental los dioses orientales son mitología, el único y verdadero Dios es jehová y su hijo; Jesus.

Existe una gran similitud y coincidencias en las biografías de estos dioses; tomemos como ejemplo a Horus; [12] Nació un 25 de diciembre Su madre fue una virgen llamada Isis. Su nacimiento fue anunciado por una estrella situada al este en el firmamento, lo cual oriento a 3 reyes a llegar hasta el lugar de nacimiento; a los 12 años era un niño prodigio y maestro; a los 30 años fue bautizado por Anún; [13] andaba con 12 discípulos que curaban enfermeros, realizaban milagros; le decían el hijo elegido de Dios, la luz, etc. Fue traicionado por Taifon, fue crucificado y a los 3 días resucito.

Atis (Grecia 1200 ac) Nació de una virgen, fue crucificado, a los 2 días resucito.

Krisna (India, 900 ac) nació de una virgen, su nacimiento anunciado por una estrella del Este, realizo milagros y resucito.

Dionisio (Grecia, 500 ac) nació de una virgen, un 25 de diciembre, realizo milagros, le decían Rey de Reyes, el Alfa y el Omega, resucito.

Mitra (Persia 1200, ac). Nació de una virgen, un 25 de Diciembre; tenia 12 discípulos, realizaba milagros, a los 3 días resucito.

Amigo lector, despierte del Shock; esto no lo invento yo, investigue y póngase la soga al cuello usted mismo. Usted me dirá, eso es Mitología, le responderé, su Jesús es también Mitología. Me replicará, ¡ah! pero ninguno de esos Dioses dijo que regresaría; -cierto, el problema no es que dicen que lo dijo, el problema es que usted y millones de gente como usted se lo creyó.

He allí lo que causaron esas creencias, el año 999, muchos se suicidaron ante el temor del comienzo del fin. No pasó nada. Luego aparece Nostradamus con sus terroríficas profecías y traslada el fin para la entrada del próximo milenio; mas terror.

En el séptimo mes del año

1999 llegará desde el cielo al gran Rey del terror, para resucitar el gran Rey de los mongoles, antes y después reinará Marte sin obstáculos. **Centuria 10-72**

A este señor mucha gente lo denuncio por embaucador; sus profecías estaban sujetas a cientos de interpretaciones; se equivocó hasta el final de sus días. En un escrito que hizo notariar, el vidente y astrólogo señaló como fecha de su muerte el mes de noviembre de 1567, en esto también falló, porque en realidad murió diecisiete meses antes, en julio de 1566.

Que empeño de la Elite que nos gobierna de tener atemorizada a la humanidad; en los siglos pasados era con el apocalipsis inminente; mientras no se cumpla para satisfacción de los crédulos, aún persiste este temor. En el siglo XX, era el terror nuclear de la Guerra fría. Hoy sigue el temor de una conflagración mundial, además de meteoritos cercanos a la Tierra; para justificar el mamotreto NASA. [14] Empresa ésta que para el año (2015) contaba con 17.325 empleados y se tragaba para el (2016) un Presupuesto anual de 19.285 millones de dólares. Pero el terror más grande desde hace 2019 años, el suceso esperado con más ansias, el estreno que ha recaudado más dólares; es la parusía, el regreso de Jesus y el rapto de los creyentes. Una novela de ciencia ficción, macabra de principio a fin, que le ha llenado los bolsillos a más de un religioso, ahora Millonario.

CAPÍTULO 7

El unicornio rosado

Me inventaré un unicornio rosado para ser feliz; no lo veo, pero sé que está allí detrás de la luna, enviándome todo su amor y cuidándome.

Da cierta tristeza pensar que hay gente que debe creer en un ser imaginario para encontrar algo de felicidad, un ser a quien amar por sobre todas las cosas; un ser en quien confiar y a quien adorar.

Levantarse, contemplar el sol, la naturaleza en su esplendor no basta, es necesario creer en un ser, una persona, invisible pero cierta, que orienta mi vida y las acciones que debo tomar respecto a mi mundo y las personas que me rodean. Dejo la responsabilidad de mi destino y el de los demás en manos de ese ser.

Cuantos desastres se hubiesen evitado si no actuáramos bajo esa premisa.

Un conductor de bus que no revisa el sistema de freno periódicamente y tiene la responsabilidad de llevar a buen destino a seres humanos, cree que con hacerse la señal de la cruz, evitara que fallen los frenos del Bus o que conducir a exceso de velocidad no es riesgoso porque esta "cubierto " por el manto de la virgen santísima.

Un piloto de avión que no reporta fallos en el sistema pues retardaría el vuelo y por presión de la compañía decide despegar encomendado él y las almas que trasporta a un santo imaginario.

Eso es lo que ha creado la religión en los seres humanos, una falta de conciencia y responsabilidad. Un cirujano que por echarse los tragos el día anterior, no reviso los procedimientos a seguir en una intervención, le pide a su Dios que lo guie en el procedimiento. Son todas aberraciones del juicio. ¿Responsabilidad personal? Sí, pero también hay responsabilidad en la instrucción religiosa que recibió, en la falta de ética.

Ni hablar de líderes mundiales que tienen bajo su responsabilidad millones de seres humanos; que toman decisiones basados en creencias religiosas. Centenares de países están conducidos por personas que de un modo u otro están bajo la influencia de las tradiciones y preceptos religiosos. Son un peligro para la humanidad. Si no, vean el mundo que nos han dejado.

La mayoría de las guerras del pasado y el presente tienen vestigios de creencias religiosas.

Las bombas que cayeron sobre Hiroshima y Nagasaki fueron bendecidas en el nombre del Padre, el Hijo y el Espíritu Santo.

Las Cruzadas fueron todas inspiradas por el fervor religioso y causaron miles de muertes, destrucción y desolación. La religión ha unido pueblos; pero solo para enfrentarlos, unos contra otros.

Entre las sectas cristianas hay enfrentamientos ideológicos, cientos de interpretaciones, cada cual considera que tiene la verdad absoluta.

La Guerra de los 30 años fue una guerra librada en Europa entre los años 1618 y 1648, por causas religiosas entre cristianos católicos y protestantes; produjo 7,5 millones de muertos.

Ha habido en la Historia 123 Guerras por motivos religiosos.

Le dejo la referencia más adelante en la sección Cronologías de las guerras religiosas.

CAPÍTULO 8

El diseño inteligente

Es un enigma sin solución, no saber el motivo del por qué Dios permanece oculto, silencioso, inmutable ante tanta injusticia en este planeta. La mente humana no está hecha para conocer los designios de Dios dirán los creyentes. Dios creó el mundo y lo abandonó, lo dejo en manos de la humanidad para que regentaran el planeta. ¿Quién comprende a Dios o sus designios? ¿Cuál es el sentido de permanecer oculto? Ya no solo Dios sino su hijo también. Silencio absoluto.

Alguien o algo, debió crear todo éste universo. Algo inteligente, es indiscutible que los seres vivos y los sistemas de la naturaleza deben haber sido creados o diseñados por alguna inteligencia. Últimamente la teoría del diseño inteligente ha ganado terreno entre los creyentes; argumentando que la complejidad Irreductible [15] es una prueba irrefutable de la existencia de un Dios. Son ejemplos de sistemas orgánicos irreductibles: los factores de coagulación de la sangre; son proteínas de la sangre que controlan el sangrado, deteniendo la hemorragia. Los factores de la coagulación circulan en la sangre sin estar activados; cuando un vaso sanguíneo sufre una lesión se inicia la cascada de lacoagulación y cada factor de la coagulación se activa en un orden específico para dar lugar a la formación del coágulo sanguíneo. Tienen que estar presente todos los factores, si faltase alguno, no se forma el coagulo.

El ejemplo más emblemático es el de la ratonera. Una ratonera típica se compone de cinco partes esenciales: gatillo, un resorte, un martillo, una barra sujetadora y la base. Según Behe, [16] si alguna de estas piezas se quitan sin que haya un reemplazo parecido (o al menos una importante reestructuración de las piezas restantes), todo el sistema dejará de funcionar.

La ley de la conservación de la energía específica:" [17] La energía no se crea ni se destruye"; esto indicaría que el universo no fue creado; en concordancia con algunos cosmólogos que mantiene: "El universo siempre existió y existirá".

El mismo universo que creó todo lo que existe se encargó de crear filtros en el cerebro de manera tal que no comprendiera jamás su origen.

Somos los único seres en este planeta que podemos cuestionar, preguntarnos sobre estas interrogantes; más pareciera que jamás lo sabremos.

¿Qué hay más allá del límite del universo conocido? ¿Seguirán expandiéndose las galaxia y el universo hasta un punto de retorno, en que el Big-Bang colapse hacia el centro de donde se originó?

En pleno siglo XXI seguimos con más preguntas que respuestas, cada vez que se nos abre una puerta al conocimiento se abren mil puertas hacia lo desconocido, un juego sin fin.

Ni hubo principio ni habrá fin: El software lógico del cual se vale nuestro cerebro no es capaz de computar ésta frase. Lo interesante del juego en que estamos inmersos, precisamente son las infinitas incógnitas. Tenemos" juego" para muchísimos siglos más. El que se aburra es porque no tiene cerebro.

Qué PlayStation, Xbox ni Nintendo, bastante son los niveles del juego ya superado, pero faltan todavía demasiados.

Que podría ser más interesante que ver el comportamiento de una célula, tomemos como ejemplo el de un glóbulo blanco.

Es impresionante observar como el glóbulo blanco persigue, ataca y destruye a un invasor en nuestro organismo (no soy ducho en lo que tiene que ver con Biología, pero la curiosidad es mi fuerte).

Quizás ¿será por interacción de mensajería química, por lo cual el glóbulo detecta al intruso?, ¿cómo sabe que es un "intruso"?; una variedad de estas células emiten señales de alerta a centros de seguridad, protección y producción de batallones prestos a la defensa. Un sistema muy sofisticado, da la impresión que fue diseñado. Tiene un automatismo rápido e increíble.

El glóbulo blanco persigue a la presa hasta atraparla, engullirla (fagocitarla). ¿Cómo sabe en qué dirección está huyendo la bacteria invasora? ¿Qué indica al glóbulo que debe aumentar la velocidad para atraparla? ¿Dónde se localiza el cerebro del fagocito? (y todo este proceso en absoluta oscuridad, como todos los procesos internos del organismo humano).

Quien no se maraville ante estos hechos está muerto. No solamente es el glóbulo blanco el que está cumpliendo funciones, son millones y millones de seres vivos con autonomía dentro de nuestro organismo, que mantienen una comunicación, equilibrio, seguimiento y control de millones de procesos biológicos; fabricas silenciosas ensamblando elementos, maquinarias moleculares combinando aminoácidos para formar proteínas que a la vez crearan las estructuras de reparación de tejidos orgánicos y reparación celular, tejidos y células que deben ser reemplazados cada cierto tiempo para mantener al lector vivito y coleando sin que tenga siquiera la leve conciencia de todo ese sistema activo en la profundidad de su ser.

Evidentemente esos minúsculos seres vivos trabajan incansablemente para usted, y usted perdiendo el tiempo, lamentándose, depresivo y metiéndole basura al centro de cómputo.

Ojalá pudiese viajar a la profundidad de una de sus células y solicitar permiso para que lo dejen permear la membrana citoplasmática y pueda saludar al personal encargado en esa fábrica, para luego ser llevado hasta la central informática de procesamiento estratégico, donde se encuentran los archivos y datos encriptados de sus antepasados; desde donde se imparten las directivas para el funcionamiento global de la empresa, la cual mantiene su producción las 24 horas al día, toda la semana.

¡Recuerde llevarse una linterna!

Según la teoría reduccionista [18] los seres orgánicos se formaron de la materia inerte, inorgánica. No comparto esta simpleza. Elucubro, conjeturo o que como se quiera llamar; la vida como tal no es consecuencia del azar, ensayo o error, mutación, evolución, selección natural. Si nos colocamos del lado de los creyentes y tomamos como referencia lo que dice en Génesis 1:26: "Entonces dijo Dios: **Hagamos** al hombre a nuestra imagen, conforme a nuestra semejanza; y señoree en los peces del mar, en las aves de los cielos…"

"En el principio creó Dios (**Elohim**)…" – La palabra hebrea **Elohim, es** la forma plural de Eloah, que **significa** "Poderoso".

¿Hagamos? o sea; no fue solo Dios el creador, tenía una colosal fábrica con empleados profesionales de todo tipo, para poder haber diseñado todo este diverso universo. Imagino las salas de diseño y producción repletas de Elohim, Arquitectos, ingenieros, metalúrgicos, químicos, biólogos, ingenieros de sistemas, ingenieros agrónomos, estrategas militares, genetistas, obreros etc., etc. Si nos salimos de la escritura y nos basamos en la arqueología, no fue sino hasta después del Precámbrico [19] que la producción fue enviada al planeta.

Continuará el antagonismo, tesis y antítesis respecto a la evolución y la creación, hay muchísima tela que cortar todavía.

CAPÍTULO 9

Idiotizados por la Fe

Con el auge de las redes sociales, la sociedad está más neurotizada que nunca, veamos un típico mensaje mañanero enviado por whatsapp, el cual nos disponemos a leer, después de leer 20 mensajes tóxicos, con las noticias negativas más relevantes:

"Leeeeloooo, estoy con la boca abierta de asombro ¡me funcionó! CON FE. No hay silencio de Dios no entienda,ni tristeza que él no sepa,no hay amor que él ignore, ni lagrimas que no valore. Dios bendice las manos de quien abre este mensaje, también ilumina los ojos de quien lo lee y llena de amor y bendiciones a quien lo comparte.

Elige a quien dárselo...no lo recortes por favor...¡estas avisado! Esta noche se arreglaran 2 asuntos de tu vida, mañana será el mejor día en absoluto, te dejo doce ángeles, uno por cada mes, deberás dárselo a doce amigos, en doce minutoste llegaran buenas noticias...Ten Fe.

Comienza con el imperativo, el asombro y la certeza de que funciona,- ¡caray! si lo dice mi amiga debe ser cierto- Claro CON FE es que funcionan las cosas. El silencio común que tiene toda persona que lo despierten en la madrugada con un mensajito ¿tristeza?, -como no voy a estar triste con esas noticias toxicas que me lanzaron antes; Amor ¿de quién o a quién?; aquí se está condicionando con palabras claves que tocan la emocionalidad de la persona (**silencio, tristeza, lagrimas, amor**). Ahora comienzan las bendiciones , solo abrir el mensaje ya tengo las manos bendita, vamos bien; si, ilumina los ojos de quien lo lee , es de madrugada y mi Iphone cargo toda la noche, lo tengo configurado full ilumination. Mas amor y bendiciones – ya me siento de lo mejor- ya me dieron la segunda orden (compartir), la primera es tener FE. Ahora debo buscar otro a quien despertar. Ni se me ocurra recortarlo ya me están amenazando.

Tantos problemas en el día, pero debo tener paciencia, esperare a la noche para que se arreglen solo dos de los varios problemas que se presenten, tratare de solventar algunos pero dejaré estos a la providencia para confirmar el mensaje. Arreglando estos dos, me prometen otro día de lo mejor. ¡Excelente! , me enviarán doce ángeles – ya sabía que solo no podría con esos problemas- ¡Buena esa! Un momento, esta gente tiene poder de mando sobre la corte celestial como para dar órdenes a ángeles, ¡increíble! Uno por cada mes...uhm pero ya estamos en septiembre... deberás dárselo a doce amigos – ¿el mensaje o los ángeles? En doce minutos, caray debo apurarme. Me llegaran buenas noticias, seria justicia pues, ya estaba deprimida con tantas malas. – no enviare doce, enviare a todo el grupo de 48, así será más efectivo y quizás me resuelvan 8 problemas.

Inmensamente agradecida con quien le envió semejante idiotez, habiendo ya cumplido el mandato de idiotizar a los demás, emprende su día llena de entusiasmo y optimismo. No importa si es Juez, Científico, Maestro, Medico. Político u Obrero, la idiotez no respeta oficio.

El típico razonamiento ilógico de un imbécil tecnológico del siglo XXI. ¡Ah! Le falto el amén; ya llenará la red de Amén, creyendo que con esto se cumplirá la profecía. Al final del día, si no se le ha olvidado, arreglara los hechos de tal forma para que concuerden con el cumplimiento de la Promesa.

Derivada resuelta. ¡Amén!

CAPÍTULO 10

La religión es un peligro

"Cuando os encontréis con infieles, mátalos y haz con ellos una carnicería"

El Corán (sura 47)

La religión es y siempre ha sido un peligro; ha manejado las conciencias a su antojo, inculcando preceptos y anclándolos profundamente en el inconsciente, comandos informáticos que afectan enormemente la conducta del individuo. El Corán justifica el ataque al infiel – entiéndase el no creyente en Ala- expresa claramente que debe matarse al infiel, es Ala quien los mata a través del creyente. Que lavado de cerebro, que peligro; es una bomba de tiempo el que anda por allí con ese precepto en el cerebro.

¿Qué pasa si un musulmán asesina a un no-musulmán? La vida de cualquier no-musulmán no es sagrada. La vida de un judío, cristiano, ateo, agnóstico, budista, musulmán "light", no es sagrada. Un musulmán no puede ser condenado a muerte por asesinar a un no-musulmán. No solo existe el fundamentalista musulmán, también existe el hindú, el judío, el cristiano; se oponen a cualquier variante religiosa revelada fuera de las concepciones de sus doctrinas.

El Fundamentalismo [20] cristiano esunmovimiento ultraconservador surgido entre los cristianos protestantes evangélicos en Estados Unidos, a finales del siglo XIX. Es básicamente la interpretación literal de la Biblia, y el movimiento ultraconservador surgido entre los cristianos protestantes evangélicos en Estados Unidos, a finales del siglo XIX.

El movimiento fundamentalista sostiene que, la creación se dio tal como está anunciada en el Génesis, el nacimiento virginal de Jesús, y el rapto de los creyentes en la segunda venida de Cristo; la inspiración de la Biblia por el Espíritu Santo y la infalibilidad de las Escrituras como resultado de dicha inspiración.

Consideran la Biblia como la única, infalible y verbalmente inspirada palabra de Dios, es el Nuevo Nacimiento mediante la regeneración del Espíritu Santo, la Resurrección de los santos para vida eterna y la de los impíos para juicio final y castigo eterno en el infierno. He de imaginar esas redes neuronales como se encuentran. Defienden posturas radicales y conservadoras que por sí mismas justificarían la violación o incumplimiento de otras normas civilesque estuvieran en contra de esos principios.

Con el auge de internet, cualquier mortal puede buscar videos sobre estos grupos y verificaran lo disociado que están los miembros de estas sectas. En especial los evangélicos Pentecostés.

Desde payasadas, show de trances epilépticos, convulsionesclónico-tónicas exacerbadas, intencionadas o inducidas por sugestión profunda. Una verdadera Psicosis colectiva y manipulación de masas.

Si en el Catolicismo encontramos relatos de alucinación colectiva, el protestantismo se lleva el "Oscar" en manifestaciones verdaderamente grotescas.

Que hagan un show no es el problema, lo que me parece falto de toda moral y ética es que lo presenten delante de niños; inculcándoles un mundo completamente ilusorio, fantasioso y que dejará sin duda, profundas huellas Psicológicas en sus mentes; lo que es peor, ya entrenan a niños" predicadores". Es terrible el futuro que se nos avecina si se sigue por ese camino, ya tenemos un porcentaje alto de funcionarios paranoicos en altos cargos de gobierno con responsabilidad política, civil y militar, pero con las neuronas fundidas, eso es peligrosísimo. El choque fundamentalistas entre oriente y occidente nos llevaría a una hecatombe.

Esta gente no le importa arrasar pueblos enteros en nombre de su Dios.

Imaginemos por un instante que un disociado de estos, formado en esta religión, estudioso de la "palabra de Dios", que interpreta literalmente los textos bíblicos y busca orientación en ella para tomar decisiones de extrema responsabilidad y se encuentra con los siguientes versículos: Dios ordenó a Saúl y a los Israelitas, "Así ha dicho Jehová de los ejércitos: Yo castigaré lo que hizo Amalec a Israel al oponérsele en el camino cuando subía de Egipto. Ve, pues, y hiere a Amalec, y destruye todo lo que tiene, y no te apiades de él; mata a hombres, mujeres, niños, y aun los de pecho, vacas, ovejas, camellos y asnos". (Deuteronomio 2:34; 3:66; 20:16-18)

Dios ordenó cosas similares cuando los Israelitas estaban invadiendo la Tierra Prometida.

Yo le confiaría ese cargo a un ateo o agnóstico, antes que a un fanático fundamentalista. Creo que antes de tomar decisiones su análisis sería más humanista.

Que se puede esperar de un individuo que ha creído y tiene su fe basada en personajes bíblicos, en un Jehová, en un Jesus.La personalidad que nos refiere las escrituras sobre el personaje de Jesus deja mucho que desear de un ser benevolente o educado.

Algunos exégetas creen que Jesús era analfabeta, creía en la tierra plana y no dejo nada escrito; bueno, Sócrates el filósofo tampoco escribió, imagino, debido a su mujer , que poseía una lengua endemoniada, , quien se podía concentrar así; por lo cual encontramos a Sócrates siempre en la calle interrogando a los transeúntes. En Juan 7:15; para citar la parte en que los judíos asombrados le preguntan a Jesús ¿Cómo entiendes las letras sin haber estudiado? En esa región, para la época el conocimiento se adquiría más por la tradición oral que la escrita. En otro pasaje bíblico, Jesús supuestamente escribe en el suelo mientras lo interrogan, otros creen que no escribía, solo dibujaba, mostrando el fastidio que sentía al ser interrogado.

Si confiamos en lo que expresan sus apóstoles en los evangelios nos encontramos con algunas incongruencias. Jesus no abogo por defender la abolición de la esclavitud, al contario la estimulo. "Así también ustedes, cuando hayan hecho todo lo que se les ha ordenado, digan: 'Siervos inútiles somos; hemos hecho sólo lo que debíamos haber hecho.'" Lucas 17:10. San Pablo ratifica la sentencia: "Siervos, obedeced a vuestros amos terrenales con temor y temblor". Efesios 6:5-8.

Jesus no le importo el sacrificio y el trabajo duro que soportaban los humildes, explotados por los gobernantes de la época, al asignarles altos impuestos: "Paguen a César las cosas de César, pero a Dios las cosas de Dios".(Marcos

12:14, 17.); tampoco le importo el sufrimiento animal, comía cordero; asesino a sangre fría a unos cerdos, que de paso no eran de su propiedad.

...Y le rogaron todos los demonios, diciendo: Envíanos alos cerdos para que entremos en ellos. Y luego Jesús les dio permiso. Y saliendo aquellos espíritus inmundos, entraron en los cerdos, los cuales eran como dos mil; y el hato se precipitó en el mar por un despeñadero, y en el mar se ahogaron. (Marcos 5:1-20).

Con estas referencias dadas por los evangelistas, creo que le hicieron un flaco favor a la personalidad de Jesus. Me inclino a pensar que Jesús pudo ser un invento de los romanos para engañar a los judíos, fue en realidad un personaje inventado por los romanos en el siglo I (como expresan algunos autores, críticos de las escrituras).

Pensándolo bien con ese invento mataban varios pájaros de un tiro. Perpetuar la esclavitud, que se paguen los impuestos y comamos y matemos los animales que nos apetezcan. En otras palabras: que siga la fiesta.

Otro aspecto pasado por alto por muchos exégetas; en Lucas

12:52" Porque desde ahora en adelante, cinco en una casa estarán divididos; tres contra dos y dos contra tres. **Estarán divididos el padre contra el hijo y el hijo contra el padre; la madre contra la hija y la hija contra la madre; la suegra contra su nuera y la nuera contra su suegra"; también leemos en Mateo 10:34-36Nueva Versión Internacional (NVI)**

"No crean que he venido a traer paz a la tierra. No vine a traer paz, sino espada. Porque he venido a poner en conflicto al hombre contra su padre, a la hija contra su madre, a la nuera contra su suegra;los enemigos de cada cual serán los de su propia familia".

Que esperanza mi amigo, o sea que este señor en vez de traer concordia, viene a enguerrillar a la familia entera. Claro saldrán los que interpreten a su entender estos versículos y justificarán las palabras de Jesús dándole la vuelta a la tortilla.

Según las escrituras, Jesús se molestaba porque sus mismos apóstoles no comprendían las parábolas con las cuales se expresaba; es que ni siquiera las órdenes simples eran comprensible. Decía una cosa y más tarde decía todo lo contrario. Quien no se va a confundir ante semejante disparate. Primero decía "ame a los enemigos, si alguno le da un golpeton en una mejilla, aguante la verraquera y ponga la otra"; a mi entender; sométanse a las humillaciones, vejaciones y maltrato de los Romanos "enemigos"; pero más tarde decía: En Lucas 22:36 "Entonces les dijo: Pero ahora, el que tenga una bolsa, que la lleve consigo, de la misma manera también una alforja**, y el que no tenga espada, venda su manto y compre una...**"; para después dar otra contraorden, cuando Pedro le corta la oreja al mal pario que se leabalanzó a Jesús para atraparlo.

"Entonces, uno de los que acompañaban a Jesús sacó su espada, y con ella le cortó una oreja al sirviente del jefe de los sacerdotes. Pero Jesús le dijo:

—Guarda tu espada, porque al que mata con espada, con espada lo matarán"; ¿quién te entiende compadre?

Pendejo no era, ya sabía en que embrollo se había metido, él y a los demás. No quedaba otra que caerse a machetazos, piedra o palos contra la autoridad, pero al ver ese batallón de gentuza armados con piedras, palos y machetes, reculo.

Evidentemente o Jesús estaba "tostao" o el inventor de la "Historia" (Eusebio de cesarea) estaba "fumao".

Quien quiera el cuento más detallado podría leerse los libros **Caballo de Troya;** la cual es una serie de diez novelas creada por el periodista y escritor español Juan José Benítez López, quien tiene una imaginación bárbara para echar cuentos.

Según los cuentistas, así era la personalidad de Jesús, esto sin pasar por alto la verraquera que armó cuando echo a los mercaderes del templo. Da la impresión que padecía de un trastorno bipolar, muy sereno el hombre y de repente le daba la verraquera.

CAPÍTULO 11

Ciencia ficción

En mi época de adolescente cuando comencé a leer la Biblia, me encontré el siguiente pasaje en Mateo 4:1-11, donde se relata las tentaciones de Jesús en el desierto:

Entonces fue conducido Jesús al desierto por el Espíritu Santo para ser tentado por el diablo. Después de haber ayunado cuarenta días con cuarenta noches, sintió hambre. Y acercándose el tentador le dijo: – Si eres Hijo de Dios haz que estas piedras se conviertan en pan, y come.

– No sólo de pan vive el hombre; también necesita de la palabra de Dios –le contestó.

En otra ocasión, el demonio tomó a Jesús y lo puso sobre las almenas del torreón más alto del templo, y le dijo:

– Si eres Hijo de Dios tírate; nada te pasará porque los ángeles te tomarán en sus palmas según escribió el profeta.

– También está escrito: No tentarás al Señor. Por último, desde un monte muy alto, el demonio le mostró la grandeza y la gloria de todos los reinos: – Te daré todas estas riquezas y el honor que supone ser dueño de todos los imperios si te postras ante mí y me adoras.

Entonces Jesús le contestó:

– ¡Vete, Satanás! Porque está escrito: Al Señor tu Dios adorarás y a Él sólo servirás.

El demonio huyó y los ángeles le sirvieron con amor.

Me dispuse a analizarlo de la siguiente manera: ¿Ayunado 40 días y 40 noches? sintió hambre, ¿significa que antes no sintió hambre?; yo, a los tres días que no coma algo, ya estoy alucinando del hambre. Y acercándose el tentador le dijo:

– "Si eres Hijo de Dios haz que estas piedras se conviertan en pan, y come" ¿el tentador o el pobre estomago estragado?; así sería el hambre que tenía el pobre que veía una piedra como un pan. No se sabe que pasó, si salió arrastrándose a su casa a buscar un trozo de pan o acabar con lo que quedaba en la olla pues, el relato continua diciendo "En otra ocasión";" el demonio tomó a Jesús y lo puso sobre las almenas del torreón más alto del templo, y le dijo:

– Si eres Hijo de Dios tírate; nada te pasará…" Ese demonio como que creía que Jesús era pendejo o el hambre lo llevaría a suicidarse o acaso la confusión causada por el ayuno lo alucinaría de tal manera que se creía superman. También escapó de ésta.

"– Te daré todas estas riquezas y el honor que supone ser dueño de todos los imperios si te postras ante mí y me adoras…" desde mi ignorancia llegue a la conclusión: Jesús ya había realizado milagros, todo el mundo lo conocía, sabían el poder que tenía; si se lanzaba a gobernador, alcalde o Emperador, seguro ganaría unas elecciones, se pondría en unos buenos dólares y expandiría su dominio por todos los imperios.

Respecto al hambre, me quede con la duda y en relación al agua pues; bebía de los cactus del desierto; luego comprendí, ¡Claro! soportó todo esto, porque era el hijo de Dios; pero…entonces significaba que, cuando comía y bebía con los apóstoles aparentaba tener sed y apetito. Con razón, tampoco probó el pescado y el pan aquella vez que los multiplicaron en la arenga que daba frente al mar. Ahora todo tenía sentido.

¡Caramba!, me dije, debo estar iluminado por el espíritu santo, ésta es la mejor interpretación que puede dar un neófito respecto a estos versículos.

Al seguir escudriñando las escrituras, encontré tal ensalada de incongruencias, ficción y contradicciones que decidí abandonar la exégesis, opté por dedicarme a resolver el cuadrado de circulo, derivadas e integrales; lo cual sería más fácil que resolver tal enredo bíblico.

Lo peor de este asunto es que, desde el púlpito y las congregaciones nos lanzan esta perlita y la gente se la traga sin chistear.

Estimado lector si usted es de los que creen todavía, que el universo fue creado en 6 días; que Eva fue formada de la costilla de Adán (algo imposible pues, el sexo de un individuo está determinado por un par de cromosomas sexuales. Las hembrastienen dos cromosomas sexuales de la misma clase (XX), denominados homogaméticos. Los machos tienen dos cromosomas sexuales distintos (XY) llamados heterogaméticos); que las serpientes y las mulas hablan, que alguien puede vivir cómodo por tres días dentro de una ballena (Jonás); que alguien puede ser asesinado y levantarse como si nada a los tres días o que tres pescados se pueden convertir en varias cestas llenas del mismo. Usted tiene un pronóstico de reservado a grave.

Si usted creé que una varita mágica (entiéndase cayado de Moisés), al golpearla contra una roca, pueda separar los Mares de un continente; si cree que un pueblo entero estuvo dando vueltas en el mismo sitio por 40 años hasta encontrar la tierra prometida que la tenían al otro lado de la montaña, si cree que una mujer después de parir todavía es virgen o que en vez de ser embarazada por un soldado romano que le derramó en su vientre el espíritu santo, fue embarazada por un espíritu en forma de paloma. No le extrañe si en cualquier momento comienza a escuchar voces.

Igualmente amigo lector , si usted todavía tiene la convicción que un hombre al cortarse el cabello pierde la fuerza muscular (Sansón); que existió un pueblo llamado Nazareth (pueblo que no aparece en la geografía de ningún texto histórico de la época del supuesto Jesús); que el sol se detuvo, y la luna se paró, hasta que la nación se vengó de sus enemigos,(según Josué);si cree que un Dios, por desavenencias con el Faraón, asesinó a los primogénitos inocentes de Egipto por medio de una peste, además de enviar varias plagas a destruir al pueblo, cuando podría de una sola cachetada acabar con la humanidad del dictador. Acuda de inmediato al centro de asistencia más cercano para solicitar atención de emergencia Psicológica o Psiquiátrica.

Si cree que Noé metió en una barca Leones con cebras, pingüinos, ratas, perros con gatos, osos polares, pericos y zamuros, cucarachas y chiripas, y todos ellos bajo un ambiente de concordia y tranquilidad; bien nutridos además por los alimentos sintéticos para animales que les proporcionaba el millonarioNoé, para queno se comieran unos a otros. Si creé que Daniel lo metieron en un foso de leones hambrientos y todos se quedaron serenos y tranquilos; que Daniel el profeta les hacía cariñito en la colita y dormía luego con un ojo abierto y el otro también. Lo más seguro es que el Psicólogo le encuentre un cable pelado que está haciendo corto circuito en su red neuronal.

Una cosa es tener una profunda experiencia espiritual y otra este tipo de manifestaciones patológicas, que evidencian un grave trastorno Psicológico.

Si se encuentra en un momento dado con algo de lucidez y percibe que está pronunciando incontroladamente palabras como es "abhasababdaba", pegando brincos de aquí para allá, trepado en las paredes o convulsionando como un pollo sin cabeza, le tengo malas noticias, ya las pocas neuronas que le quedaban están fritas. No está de Psicólogo sino de Psicoloco. Un familiar que llame urgentemente al número de emergencia de su localidad, que le inyecten Prozac intravenoso y le pongan una camisa de fuerza por la seguridad suya y la de los suyos. Su cerebro, ¡colapso! de tanta mierda que le metió; ¡está de atar! .Usted es un peligro, para esta generación y las venideras.

CAPÍTULO 12

Entonces, ¿En que creer?

Usted es libre de creer en lo que quiera, si considera que es provechoso para usted, pues siga creyendo. No soy quién para decirle en que o en quien creer. Por mi parte, no creo en dogmas ni religiones organizadas, me liberé del dominio ejercido por estos manipuladores de oficio que tanto daño han causado a la humanidad en todos los tiempos.

Ni la ciencia desde su arrogancia ni la religión en su ignorancia me han dado las respuestas que todavía buscare por mucho tiempo, si es que vale la pena todavía seguir la búsqueda, si no se agota antes mí tiempo en este planeta. Con el avance en las comunicaciones y el acceso cada vez más fácil a la información (o desinformación), hemos entrado en un estado de confusión, cada vez más profundo. Pensé que la red internet sería una ayuda en la búsqueda del conocimiento, no dejo de admitir que en cierto modo así es; pero debo reconocer que dentro de tanta información hay que mantener un criterio analítico de todo lo que se encuentra en la red. Debería existir una página o una sección de la internet, donde solo se encuentre la "información cierta", puede pasearse por la red y tragarse toda la basura que quiera, pero al entrar a esa sección usted estará seguro que lo que encuentre allí será veraz. Por supuesto eso jamás sucederá, además, sería muy aburrido saber toda la verdad de las cosas.

En lo que respecta a estos temas espirituales o religiosos me he topado con muchísimos relatos y testimonios que me han puesto a cavilar. Entre ellos los relatos que tienen que ver con la vida después de la muerte. Aunque considero que son experiencias subjetivas, no pongo en duda lo que experimentaron estas personas; (que sea real o no, ya es otra historia), para ellos fue real.

Le sugiero al lector, los testimonios de Anita Moorjani. [21] Anita relata que, literalmente murió de cáncer y regresó para contarlo. Da conferencias en sus viajes por el mundo y ha escrito algunos libros. Pueden bajarlos de la Internet.

"Vivimos en el mundo al revés, nos enseñan lo opuesto a lo que de verdad va a ayudarnos en la vida.

¿Y si te dieras cuenta de que esta vida ya es el cielo? ¿Y si mi vida era un infierno porque desconocía el potencial que poseo?

El cielo es un estado, no un lugar..."

He aquí un legado de Anita:

"Cuando nací lo único que sabía hacer era amar, reír y brillar con una luz especial.

Después cuando crecí la gente me dijo que dejara de reír: -"tómate la vida en serio si quieres destacar en este mundo"...así que dejé de reír.

-"Ten cuidado de a quién amas si no quieres que te rompan el corazón", decían...así que dejé de amar. -"No brilles tanto si no quieres llamar la atención", decían....así que dejé de brillar.

Y me volví pequeñita, marchita y morí...sólo para aprender en la muerte que todo lo que importa en la vida es AMAR, REÍR y BRILLAR con una luz especial".

Igualmente sugiero al lector las obras del Dr. Eben Alexander, [22] Neurocirujano, quien experimento un encuentro cercano a la muerte y constato luego de su recuperación el daño severo cortical que padeció, en el cual era imposible medicamente que estuviera conciencia operacional en ese estado de deterioro funcional. Por último, aquellos lectores interesados en el tema de la conciencia, el cerebro y la muerte les recomiendo una página interesante donde encontraran cientos de relatos y testimonios de personas que vivieron este tipo de experiencias cercanas a la muerte. [23]

He tenido también mis encuentros, mas no sé si muy cercanos: Me contó mi Madre, que siendo yo un bebe (quizás de 8 meses de edad), me estaba bañando en un

acantilado sereno a orillas del mar , cuando sorpresivamente irrumpió una ola, tumbando a mi madre y arrastrándome a la profundidad del acantilado, en su desesperación mi madre se sumergió , y me busco por termino de 6 minutos, hasta que tropezó con su pierna mi cuerpecito, metió la mano y ¡ Bingo!, aquí estoy yo contando la anécdota de mi madre.

En otra oportunidad estaba yo con unos amigos disfrutando de un día soleado en la piscina de un Club. Uno de los amigos lanzó una goma inflada (lo que llaman tripa de camión) a la cual nos sujetamos, nos fuimos hasta la parte más profunda del área de la piscina (yo no sabía nadar). Mi amigo comenzó con sus bromas y en una de sus payasadas volteó la goma; yo que iba sujeto a un extremo, resbalé y me fui a fondo, pataleé y lance brazadas, desesperado, no sé por cuanto tiempo, hasta que el cansancio me venció y la falta de oxígeno me obligo por acto reflejo a buscar una bocanada. ¡Eureka!, estaba flotando. Gracias Arquímedes.

También he estado en peligro muchas veces, en peleas callejeras, marchas de protestas estudiantiles, disparos, ataque de perros, atracos, cuasi accidentes de tránsito, caídas, escalamiento, etc., por fortuna todavía estoy en una sola pieza. He tenido momentos felices y momentos oscuros como cualquier mortal.

Experiencias de vida en varios frentes y campos de trabajo, tribunales de Justicia, Odontología, Rayos X, Ascensorista,

Supervisor de saneamiento hospitalario, socorrista de la

Cruz Roja, Maestro de primaria y secundaria, Músico, Director y Musicalizador de obras de teatro, Oficinista, etc. Académicamente no soporte estar sentado horas en un aula, hiperactivo, e inquieto; eso no era para mí.

He visto gente fallecer, la experiencia que más me impacto fue la muerte de mi Madre, no tanto por el dolor que causo sino por lo que experimente al lado de su lecho. Ya entraba en un estado de consunción, pero estaba por momentos lucida, mas sin embargo se le dificultaba hablar, pues le habían colocado una sonda traqueal. Un día que fui a visitarla al hospital, la encontré "normal", para la condición en que estaba. De pie a su lado al borde de la cama me acerque a ella y de repentinamente levantó su mirada, fijándola por encima de mi cabeza y su rostro resplandeció, con un asombro increíble, una sonrisa inmensa, se podría decir que estaba en un éxtasis. Le pregunte- Mamá ¿qué pasa? ¿Estás viendo algo? - y con movimientos de la cabeza lo afirmo. Yo voltee para verificar la visión y no había nada detrás de mí. Ella seguía extasiada- mamá ¿ves a alguien? ¿A la familia? Busca a mi Papá- y frunció el ceño, eran como perros y gatos cuando todavía mi padre vivía. Estaba yo impresionado, le dije a mi hermana que estaba cerca- Mamá está teniendo visiones-, -si ya lo sé- contestó. – Mamá ¿están tus hermanas, mis tíos?- seguía afirmando con movimientos de cabeza e incorporándose en la cama, pero los instrumentos de medición vitales no la dejaban maniobrar en su frenesí por levantase de allí a bailar como debía ser.

Una de las cosas que más le gustaba a mi Madre era la Música y bailar, exactamente eso es lo que estaba haciendo, sonriendo, acostada bailando, con las sondas de suero casi por el suelo. ¡Que alegría!, ¡que manera de bailar!, bochinche total. La fiesta estaba muy divertida decía yo. Jesús parece que no estaba invitado al recibimiento.

Ese estado duraría quizás unos 3 minutos; luego de repente su rostro quedo perplejo, confuso, buscando entre la habitación la visión que había desaparecido, quedo unos minutos como quien se pregunta, ¿qué ha pasado aquí? Luego entristeció, se aburrió y se durmió. La dejamos tranquila para que descansara; me quede con la impresión. Estando en casa, me llamaron al otro día. Mamá acaba de fallecer.

Mi madre ya mayor, era ferviente cristiana de la rama de los protestantes, aunque era demasiado tremenda para cumplir los preceptos de esa religión y de joven era católica y mucho más loquita. Era de las que jugaba Baseball, con pelotas, guantes y bates profesionales (ya que mi Papá jugaba baseball en un equipo), jugábamos en un espacio de la sala de un apartamento de 8 por 8 metros, se podrán imaginar los vidrios de las ventanas, ya no quedaba ni uno sano. Además mi Papá era entrenador de boxeo y su pera de practica era mi Mama, no porque la golpeara, sino de entrenamiento, con el mi Madre aprendió a golpear con gancho y recta, no había quien se le opusiera en un ring y en la calle menos.

No asistí al crematorio de mi Madre, nunca me ha gustado ir a velorios, entierros, ni nada que ver con muertos, en el fondo debe ser que me recuerda mi propia mortalidad. Me tome unos tragos, puse música a todo volumen, lloré y baile con mi madre por última vez, esa fue su despedida. Luego de esa experiencia, me he dedicado a investigar sobre estos fenómenos y vaya que he encontrado relatos y experiencias de moribundos y encuentros cercanos con la muerte. Muchísimos hay en libros y en la red.

Desde joven, he tenido una mente apegada a la lógica y a razonamiento, todo lo cuestiono y le busco el significado, pero debo reconocer que hay sucesos que para mi entender, no tienen todavía explicación convincente. Me crio una tía, como antes dije. Mi tía tenía una extraña "sensibilidad" o "facultad", si de algún modo se puede llamar así; los muertos le avisaban sobre algún acontecimiento casi siempre negativo. Soñar con su Madre fallecida, la obligaba a levantarse temprano y llamar por teléfono a todos sus sobrino y hermanas, para advertirles "soñé con mi Mamá, tengan cuidado hoy". Solo había que esperar el transcurso del día, llegaba la noticia, "fulano le paso tal cosa". Otra "facultad", los muertos le avisaban que acababan de fallecer, me levantaba de madrugada y me llevaba a su cuarto, – mira ese montón de tierra sobre la cama, me la acaban de lanzar por la ventana del cuarto, alguien falleció. No pasaba media hora, toc, toc; llegaba la noticia., En otra oportunidad, me levanta, me lleva al cuarto y me enseña la pierna; tremendo moretón- me acaban de presionar con fuerza la pierna. Pasaron unos minutos, de nuevo, toc, toc; otra nefasta noticia. Son sucesos que dejaron varios interrogantes en mi lógica y turbaron mi razón.

CAPÍTULO 13

¿Qué podemos hacer?

La religión ha usado algunas estrategia de propagación e infestación de mentes, la misma que se usa ahora en códigos de propagación de virus informático para infestar equipos y redes; un mensaje muy llamativo que parece ser inofensivo; que promete beneficios a corto, mediano y largo plazo; se replica de manera exponencial; son comandos escritos "códigos" como en los libros sagrados, infesta a los archivos en su "cabecera" cambiando la función original del mismo; una vez infestado el "sistema" se hace casi imposible eliminarlo; no hay señales visibles del ataque, hasta pasado un tiempo, ejemplo las "bombas lógicas"; programadas para tal fecha; cuando explotan es que aparecen signos visibles de infestación. Para tratar de solucionar la situación se instala un antivirus "otra religión", que trae incrustado otro código; al principio da la impresión que la virulencia ha desparecido; no pasará algún tiempo cuando comenzaran otros signos de deterioro del sistema;

Así seguirá el proceso hasta el día en que colapsa el procesador central, e igualmente el disco duro (capacidad de análisis y lógica, más fallo de memoria). Objetivo alcanzado.

Cuando el usuario; "el yo", se da cuenta de hasta donde ha llegado el deterioro en el sistema "mente", ya es demasiado tarde; eso si es que se da cuenta.

No hay "libre albedrio" donde hay control mental. El sistema está diseñado para el manejo de masas.

"Mal de muchos, consuelo de tontos". No se conforme diciéndose, hay millones de creyentes, no pueden estar equivocados millones de personas; pues le tengo una noticia, si lo están, ¿cómo lo sé?; basta observar el mundo que nos han dejado.

Como dato interesantes y preocupante a la vez: se calcula para el año 2019, siglo XXI entre las religiones con más idiotizados que existen en el planeta hay aproximadamente

1000 Millones de Budistas, 2436 Millones de Cristianos;

1050 Millones de Hinduistas; 1450 Millones de

Musulmanes, 1000 Millones del Taoístas confusionismo (china), 13 Millones de Judíos; sin incluir grupos étnicos; quedaría un aproximado de 1000 millones sin religión. Si aproximadamente contamos con 8.000.000 millones de población mundial; se nota claramente que la idiotización es generalizada; solo algunos pocos se salvan de la programación religiosa.

Para colmo dentro del mismo grupo de cristianos, unos serán salvos y otros no, aunque crean en el mismo Jesús, no hay comida para tanta gente.

“El que en él cree, no es condenado; pero el que no cree, ya ha sido condenado, porque no ha creído en el nombre del unigénito Hijo de Dios”; (Juan 3:18-20); significa que de esos 2436 millones de cristianos solo unos pocos “se salvarán”; y usted sigue creyendo en esta paja loca apreciado lector.

Sigue creyendo en un Dios que envió a su único hijo a que lo escupieran apedrearan, golpearán, humillaran, cortarán, lo taladraran, lo vejaran y crucificaran por amor a la humanidad; ese amoroso Padre dejo que le jodieran a su hijo de esa manera tan cruel; si permitió eso con su único hijo ¿Qué queda para usted?

Se estima que ya han muerto 107.000 millones, de los cuales debería haber mínimo 100.000 millones en las calderas del infierno; porque en este mundo nadie tiene un hueso sano. Como dice el Tango de Enrique Santos

Discepolo “Cambalache”

” ¡Dale, nomás! ¡Dale, que va! ¡Que allá en el Horno Nos vamo'a encontrar!

Se estima que por lo menos hay 10.000 nombres de Dios en el Mundo

No podemos seguir aceptando esta situación de indefensión ante la manipulación religiosa y el control mental ejercidos por estos mercaderes. Propongo una serie de recomendaciones para ir deslastrándonos de semejante dominio.

Estas recomendaciones estas sugeridas para países en su mayoría con creencias cristianas, pero algunas servirían para otros de diferentes creencias.

Lo primero sería hacer un llamado a los Padres, para que estén alerta; para que respeten el derecho de esos seres indefensos que traen de fábrica su sistema cerebral puro, intacto, “en blanco”; que no comiencen a llenarle el cerebro de historietas fantásticas, una cosa es un cuento infantil (algunos tiene mensajes subliminales) y otra cosa un cuento que será alimentado toda la vida por organizaciones con intereses oscuros para manipular mentes e influirá profundamente en la conducta y formación del niño. Instalando en su delicada mente, temores, fantasías, incongruencias que no serán fáciles luego de eliminar.

*Revisar leyes y reglamentos que regulan el comportamiento de estos grupos religiosos y comenzar a legislar seriamente y con detalles. Por ejemplo; sería adecuado reglamentar el derecho a pregonar a viva voz mensajes que inducen zozobra, temor y angustia en la población. Esto en relación al anuncio de la parusía o advenimiento de un Dios que viene a juzgar y castigar; entre desastres y hecatombes,

terremotos, maremotos, huracanes y demás. Si esto afecta a los adultos, imagínense la psique de un niño que escucha sobre esto en una plaza pública, a viva voz y a todo volumen.

Si me colocara en una plaza pública con un megáfono y gritara, "pronto vendrá el fin a este gobierno y sus líderes, por los desmanes que ha cometido, el pecado en que está inmerso, serán exterminados con sangre y fuego, pues la ira de la justicia caerá sobre sus cabezas y toda su generación; nadie sabe la hora, pero se acerca el tiempo que serán borrados de la faz de la tierra".

Cada tres días lanzaría esa amenaza en una esquina u otra, plazas o congregaciones. Creo que las autoridades me censurarían de algún modo y me detendrían por crear zozobra, alterar el orden público y atacar al gobierno, mínimo los cargos serían penalizados ipsofacto. Es lo mismo que hacen estos seudo líderes religiosos, juzgan a la población y la estigmatizan, llamándolos "pecadores". ¿Quiénes son ellos para decir que yo soy un pecador? ¿quién les confiere autoridad para criticar y juzgar, dictar sentencia sobre la sociedad? - "pecadores arrepiéntanse"- vociferan.

*Eliminar y no admitir la sentencia que recae sobre nuestros hijos apenas llegados a este mundo y estigmatizados por un supuesto "pecado original".

* Derogar la solicitud de Diezmo y colaboración en las iglesias, práctica completamente estafadora. La mayoría de los movimientos protestantes inculcan temor a sus feligreses, basándose en un relato bíblico, donde se castiga con "pena de muerte" a quien o quienes mientan ante líderes, sobre la cantidad de bienes o dinero que poseen, sobre la cual se calcula el diez por ciento que debe ser entregado cada domingo o sábado de la semana, a los líderes a través de sus recolectores de diezmo. Que robo tan descarado. El versículo que aplican, relata el hecho de un señor que mintió ante un líder religioso; sobre el monto de una venta de su propiedad, pero como el líder ya estaba enterado sobre el monto de la venta lo culpo de mentiroso y le dijo: "como has mentido al señor morirás" y el pobre hombre cayo patas para arriba al momento. La esposa también fue interrogada y al mentir, cayó fulminada. Todo esto indica, que si no pagas el Bendito Diezmo, no te ira muy bien. El lector puede constatar este relato en su Biblia.

Igualmente * eliminar el cobro de Misas para los difuntos, y entierros; ahora en la modalidad de incluir los ya fallecidos en una bendita lista, todos por igual; pero en vez de hacer una misa por cada difunto, dan una sola misa, donde se incluyen los nombres de todos y cobran a familiares de cada uno de los muertos. ¡Que ganga!, sin importar si algunos están en el purgatorio, el cielo o en sauna, sudando la gota gorda en cualquier paila del infierno.

*Prohibición a las iglesias y a líderes religiosos de recibir herencias (dinero, bienes) de cualquier moribundo o desahuciado. Esa herencia o dinero se puede invertir en comedores públicos, hospitales o escuelas.

* Prohibición del bautizo a bebés sin su consentimiento.

No permitir la incorporación a la organización, anotando sus datos personales y sometiéndolo desde esa pequeña edad a reglamentos tácitos de la organización religiosa. Católico, apostólico y Romano.... Mi bebé ni es Católico, ni Apóstol; Romano menos, su partida de nacimiento dice que nació en este territorio, no en Roma.

* Eliminar privilegios a estos manipuladores. Una fila de personas esperando atención médica o en un Banco. "Pase por aquí, que será atendido de primero por ser el Padre". ¿Padre de quién?, ¿del Gerente del Banco o del médico? * Se debe educar a los Padres, sobre el derecho que tienes los bebés desde que nacen; los Derechos Naturales. * Prohibición de uso del nombre de Dios para sus arengas políticas o discursos populistas.

* Penalización y cárcel, para todas aquellas sectas donde se practique el sacrificio de inocentes animales en nombre de Dios o Santos.

* Penalización y cárcel a todos aquellos manipuladores, engañadores y estafadores que cobren cuantiosas sumas por "asignar santos".

* Se debe incluir como materia obligatoria las asignaciones de Moral y Convivencia Ciudadana e igualmente Filosofía. * Prohibición de temas religiosos por parte de Docentes, desde la Escuela Inicial, Primaria como Secundaria. *Docente de Biología que profese el Cristianismo no debe ser admitido para impartir ésta cátedra, pues eso colida con el tema que debe impartir (Evolución Darwiniana). Si enseña que el universo se hizo en una semana, no puede molestarse ni colocar un cero en el examen si algún alumno lo tilda de embustero.

* Toda persona o grupo que valiéndose del fenómeno de la pareidolia, [24] monte un santuario para adoración y recolección de colaboraciones, debe ir detenido y aplicarle la ley por estafador y embaucador. En Latinoamérica y otros países se da esta situación; donde un "vivo", que detecta una mancha, (sea de moho, pared húmeda o desconchada en cualquier baño hediondo o cuarto, urinario o cagadero) que tengan un "parecido" a una imagen divina, sea virgen o santo; instala inmediatamente un "Altar" para recolectar dinero fácil, que aportan los pendejos crédulos.

No se concibe que en este siglo XXI exista en el colectivo estas prácticas tan absurdas e irracionales.

Esto debido a la tolerancia que se ha tenido con estos líderes religiosos que han embrutecido a algunos sectores mayoritarios de la población.

Seguimos inmersos en la era del oscurantismo, de nada valió la "era de las luces", La ilustración, como se le ha llamado, fue un movimiento filosófico europeo que precedió a la revolución francesa (1715 – 1789) y que, usando la definición francesa, "tenía como objetivo superar el oscurantismo y promover el conocimiento. Filósofos e intelectuales defendían a la ciencia en contraposición a la superstición, a la intolerancia y a los abusos de la Iglesia y del Estado. El término "Ilustración" (o siglo de las luces) fue establecido por la costumbre de reunir las diversas manifestaciones culturales, de pensamiento o de sensibilidad y sus actores históricos. Y el siglo era el de las "luces" porque la ciencia y el conocimiento iban iluminar el mundo.

Parece que las velas o energía eléctrica para mantener esa "iluminación" no abarco a la mayoría de los continentes. Seguimos perdidos entre penumbras.

Amigo lector, seguramente usted tendrá muchas más ideas innovadoras a fin de contribuir al cambio definitivo que necesita la humanidad para salir de esta oscuridad. Ojalá este ensayo contribuya de alguna forma a estimular la creación de escritos, consejos, leyes, propuestas, Blog, web; que logren difundir, parte de lo aquí expuesto.

Quizás solo le causó algo de entretenimiento la lectura de este ensayo o a lo mejor, lo hizo reflexionar. De cualquier manera, algo le quedó, Usted verá que posición toma. A favor o en contra; ya no se puede seguir siendo "tibio", pues las generaciones venideras algún día enjuiciarán nuestra ignorancia. Se preguntarán, como es posible que se mantuviera por más de dos siglos este velo que ofusco la razón y atrasó la iluminación de los Pueblos.

Los dirigentes Políticos y religiosos en el curso de la

Historia no encontraron la manera de controlar a los Pueblos sino a través del miedo y el terror religioso. Todavía utilizan esa estrategia, pero no solucionan el problema de fondo. El ser humano tiene una **conciencia**, la cual hay que cultivar, formar y educar desde el hogar. Se puede vivir sin creencias religiosas.

No dejo de reconocer que la influencia e ideología cristiana ha rescatado a personas que tenían una conducta deplorable y llevaban una vida de miseria, entre la delincuencia, el alcohol y las drogas; pero esa barrera de contención es vulnerable, está sustentada en el miedo al infierno y al castigo de Dios. Lo inducen a hacer el bien por temor al castigo, no por motivos de convicción y humanidad. El hombre tiene leyes naturales.

No se puede alegar que la "Palabra de Dios " es un modo de inculcar la moral a una sociedad, Los mandamientos no se han cumplido, además que no bastan, son insuficientes, tanto que; solo revise la cantidad de organizaciones, convenios, leyes, reglamentos , códigos; que han sido redactados para mantener la convivencia ciudadana y la supuesta "paz" entre países. No ha bastado nada de eso.

Cuando un terrorista comete un acto donde mueren muchas personas, seguramente, su ideología tiene una base religiosa o política.

Ya basta de esperar Mesías, debemos unirnos y combatir el mal desde nuestras fuerzas, unidos todos, cuidar el planeta y educar las próximas generaciones por el bien de la humanidad.

Basta de dejarle la responsabilidad de nuestros actos a las Deidades. Basta de culpar a los demonios por nuestras propias tentaciones. Basta de tanto rezar y repetir letanías que no dejan fruto en la razón ni el corazón.

Es tiempo de tomar conciencia.

No hay tiempo que perder ni a quien esperar.

Ningún Padre nuestro, credo, rosario, letanía, rezos, Corán, Biblia, libros de superación personal, colocar velas a los "santos", flagelarse, pagar penitencias, jurar, convertirse a cualquier religión, nada de lo anterior hará un mundo mejor; hasta que no entremos en el silencio de nuestro ser y tengamos contacto directo con nuestra propia conciencia nada cambiará, si no cambiamos nosotros, nuestros hijos tampoco lo harán, ni en esta generación ni las venideras.

La verdadera religión debería estar en maravillarse todavía con una puesta de sol, un atardecer, un amanecer, la sonrisa de un bebe, el canto de los pájaros en las mañanas, el abrazo de un hermano o amigo, la mirada de tu pareja. Hace poco leí una noticia donde una joven fue herida en el rostro por un hacendado que le disparo unos perdigonazos con su escopeta pues, la muchacha había entrado a unos galpones en la hacienda y liberó a cientos de conejos que estaban en cautiverio. Su ser, su conciencia, su sensibilidad (como lo quieran llamar), no soporto ver a aquellos indefensos y tiernos animales, padeciendo en esas jaulas y luego ser masacrados y despellejados sin compasión alguna, dejando en abandono sus crías.

Sigamos los pasos de esta joven, liberemos a los animales, desencadenemos a los cautivos, abramos las jaulas de los pájaros, que sigan formándose movimientos que defiendan el derecho de los animales; los cuentos de "los animales del bosque", para niños, dejarían de ser cuentos para convertirse en realidad.

Quien no ha tenido un perro como mascota, no conoce el amor incondicional, la fidelidad, la falta de rencor, no conoce la alegría del retorno a casa.

Mi perro piensa, lo que le falta es hablar nuestro lenguaje; lo entiende pero no lo habla, los animales cada uno según su capacidad, piensa, analiza, calcula. Mi perro conoce las matemáticas, no la simbología, pero sabe que cantidad es mayor que otra; si le sirvo alimento en el plato a mi gata; el perro se da cuenta si le serví más a ella que a él, se me queda mirando como pensando " me estas jodiendo, me estas sirviendo menos que a ella", sé que piensa , así como se, que está pensando cuando un ladronzuelo se me queda mirando el celular en la calle; no sé exactamente que piensa , pero sé que "algo" está pensando. Igualmente pasa con los animales, puedes darte cuenta si observas bien, que ellos "piensan".

Cuando una pajarita lleva porción de alimentos a su nido para alimentar a sus crías, opera una división, reparte equitativamente hasta donde le es posible la ración entre la cría.

Una vaca sabe cuándo la llevan al matadero, sabe que se acerca a la muerte.

Abran los ojos y tomen conciencia.

Basta del asesinato de animales, basta de corridas de toros. ¿Acaso no basta con los huevos de las gallinas? ¿Por qué la tienen que matar? ¿Por qué tienen que sacrificar las

vacas? ¿No te basta con la leche que le robas a sus terneros? ¿Los quieren tener en cautiverio? Cuídenlos, respétenlos, ámenlos; están en este planeta para acompañarnos en la travesía de la vida, con los mismos derechos naturales que nosotros. El que no puedan hablar con nuestro lenguaje no indica que no sientan el dolor igual a nosotros; se quejan, lloran, sufren, tienen emociones y sentimientos o es que estamos tan ciegos que no nos damos cuenta.

Se justificaría la muerte de un animal en casos extremos de hambre, en caso de necesidad y que no exista otra cosa que comer.

En una oportunidad en que mi familia y yo pasábamos hambre, me tocó, (no por ser el más valiente, sino por ser cabeza de hogar); sacrificar a una gallina. Sacrificar a "mi gallina"; que había convivido con nosotros por más de un año, fue para mí una tragedia.

A veces teníamos discusiones, pero triviales, como las que se tiene con cualquier familiar, al fin y al cabo, ella formaba parte del núcleo familiar.

Después de tener una semana presionado y analizando, que haríamos con la gallina, opte por la fatal decisión. La tomé entre mis brazos, sentí su angustia, sin embargo ella permaneció tranquila; poco a poco se acercaba su hora, fue en silencio a la guillotina, mas temor sentía yo que ella, cogí el cuchillo la agarre por el pescuezo y trate de ser lo más rápido posible, pero al cuchillo le faltaba filo , luego le torcí el pescuezo hacia atrás para ver si así lograba partir la medula espinal y le producía una inconciencia inmediata, pero aquel pescuezo parecía una goma elástica, que no daba el mínimo indicio de ceder. Perdí la noción del tiempo, para mi aquellos minutos fueron siglos.

Me dije- ya está muy herida, no la puedo dejar en ese estado de sufrimiento- tomé de nuevo el cuchillo y terminé el trabajo sucio.

Tanto sufrimiento, tanta angustia, tanta agonía, para al final darme cuenta que mi gallina estaba tan flaca como yo, que no tenía nada que comerle; ¡también pasaba hambre al igual que nosotros!, que tristeza y remordimiento. Me arrepentí de aquella acción, casi lloré mi gallina, hasta el día de hoy recuerdo esa sensación, ese día no se me olvidara jamás, algún día la veré de nuevo para decirle: mi gallinita, perdón por favor.

Es cierto, en lo que respecta a la vida y la muerte, "la naturaleza animal" es cruel, pero la mayoría de las muertes son por causas de necesidad alimenticia.

Un grupo de neurofisiologos han determinado: "los animales tienen conciencia y sienten dolor", descubrieron el agua tibia ¿Que velo nos han echado encima para que no podamos ver la realidad? ¿Hace falta que unos científicos publiquen su tesis para darnos cuenta de algo que tenemos al frente de nuestra nariz desde siempre? Todo ser que tiene sistema nervioso, siente dolor.

La tradición también ha sido instrumento para perpetuar esta inconciencia; basta ver una pelea de gallos, donde se apuesta al vencedor; para darse cuenta de la barbarie en que estamos inmersos, lo cual es indicio de una ceguera mental colosal. Una sociedad donde no se respeta al animal es una sociedad enferma. Si no se respeta a un animal, menos se respetará la vida de un humano.

¿Qué esperamos? ¿Qué o quién nos programará las neuronas para cambiar los paradigmas en este siglo XXI?

Ojala no sea tarde, pero el pronóstico a futuro, es la desaparición de la humanidad por sus mismas mal sanas costumbres, tradiciones y religiones.

Pronto hay que dar un giro de timón de 180 grados o dejaremos un mundo peor que el que nos han dejado. ¿Esperaras estar en tu lecho de muerte para tomar conciencia o seguirás a la espera de un Mesías que perdió el mapa?

Cuando he quedado comprometido en una cita y la persona con la cual me debo encontrar se tarda más de 30 min, la molestia en mi es descomunal, pero vaya descalabro, han pasado más de dos siglos y la gente sigue esperando a un personaje inventado que salvará a la humanidad. Amigo lector ya está grandecito; deje de creer en comic; no le siga haciendo el juego a esa gente manipuladora; sin ánimos de ofender; (pero a veces la ignorancia de la gente sobrepasa lo previsible) le digo… **Jesús jamás regresará**.

EPÍLOGO

Como decía Carl Sagan; [25] en una entrevista «Había una norma muy reveladora: los esclavos debían seguir siendo analfabetos. En el sur de antes de la guerra, los blancos que enseñaban a leer a un esclavo recibían un castigo severo. "[Para] tener contento a un esclavo — escribió Bailey [26] más adelante— es necesario que no piense. Es necesario oscurecer su visión moral y mental y, siempre que sea posible, aniquilar el poder de la razón". Esta es la razón por la que los negreros deben controlar lo que oyen, ven y piensan los esclavos. Esta es la razón por la que la lectura y el pensamiento crítico son peligrosos, ciertamente subversivos, en una sociedad injusta».

El sistema esta fríamente calculado para mantenernos inmerso en el océano de la ignorancia, así la "elite" nos puede manejar mucho más fácil.

Parafraseando a Sagán "el universo es consciente, a través de nosotros". Es como si; no existiría el universo si no hay una conciencia que lo observe.

Somos conscientes y tenemos una conciencia. La **consciencia** es la capacidad del ser humano para percibirla realidad y reconocerse en ella, mientras que la **conciencia** es el conocimiento moral de lo que está bien y lo que está mal. Dos elementos básicos que nos diferencian del animal y los cuales no hemos sabido usar. Estoy claro que este ensayo no roza ni siquiera la punta del iceberg respecto a todo lo que se podría expresar sobre el tema de la religión en la humanidad, considero que despertará en el lector la inquietud del cambio de paradigma respecto a ello.

Ya está probado, la conducta humana no cambiara por castigos divinos, ya "Dios" ha probado con terremotos, volcanes, pestes, diluvios y demás. Somos como adolescentes que mientras más castigas más rebeldes se ponen.

El cambio se hará a través de la conciencia individual. Cada cual debe entrar en su silencio y reflexionar, encontrar la iluminación en la oscuridad de su conciencia, en su soledad.

Es admirable la labor humana en el campo de las ciencias y tecnologías en los últimos siglos; el cerebro humano es la maquina biológica más sofisticada que jamás ha existido pero, hasta los momentos, no ha sido capaz de comprender como de reacciones químicas y procesos biológicos; emerja el pensamiento; de algo material surja lo inmaterial; si la consciencia emerge del proceso cerebral, o es el espíritu inmaterial la base de todo el proceso existencial del hombre en este planeta. Pero a la vez es incomprensible también; como ha sido manipulado ese cerebro en el curso de la historia a tal extremo de provocar tanta destrucción, dos guerras mundiales y a punto de una tercera.

El giro de 180 grados debe ser ya, tanto en lo social, económico y espiritual; pero para ello hay que desterrar del cerebro la manipulación política y religiosa.

Un acontecimiento mundial que "despierte" de una vez a la dormida humanidad.

Creo que ese acontecimiento esta por suceder, pero lo provocará el mismo hombre, ya cansado del engaño y el sufrimiento; cuando abra los ojos y se dé cuenta hasta qué grado de ceguera fue llevado por la equivocada política, la codicia financiera, la religión y los desastre que han causado. No será la misma religión lo que salvara el planeta; ningún Mesías cumpliendo la promesa de su regreso. La humanidad la salvará el despertar de la conciencia que ya se está llevando a cabo en el espíritu de los hombres; existe un silencio a voces, sucesos que indican, el cansancio en la creencia a ciegas, en la fe, en la palabra, la falta de justicia social, el hambre. Es en la acción conjunta en lo que habrá que creer. El hombre ya no debe escuchar a gobernantes que llamen a enfrentamientos y guerras entre naciones. La humanidad quiere prosperidad, paz y bienestar para las generaciones próximas, sus hijos, sus nietos y tataranietos. El hombre de este siglo sabe que la salvación del planeta no está en la separación de los pueblos, inducidas por los gobiernos de turno, políticos o religiosos. La humanidad sabe muy en el fondo que solo hay vida en este planeta, nada indica lo contrario, aquí, o nos salvamos o perecemos todos. No hay salvos ni condenados. Todos somos uno, La vida es una. El universo uno y" Dios"... **uno**.

CRONOLOGÍA DE LAS GUERRAS RELIGIOSAS

Guerras religiosas entre cristianos ANTES del protestantismo (10)

Guerra Pauliciana (Imperio Bizantino grecoortodoxo contra la secta herética pauliciana, s.IX) **Guerra Franco-Visigoda** (año 507, Clodoveo, franco converso

converso al catolicismo, vence a Alarico y sus visigodos arrianos)[27]

Primera y Segunda Guerra de la Iconoclastia (s.VIII y IX, emperadores bizantinos anti-iconos contra cristianos veneradores de iconos) **Revuelta de Rávena** (del año 727, contra los emperadores iconoclastas)

Cruzada albigense (s.XIII, cruzados católicos contra cátaros)

Guerra francesa-aragonesa de 1209-1213

(dentro de la guerra cátara y la expansión catalanoaragonesa hacia Occitania)

Guerra Civil Bohemia (1465-1471, herejes husitas contra católicos y luego entre ellos)

Guerra Civil alemana (1077-1106, conflicto entre el Papa y el Emperador, excomuniones, obispos guerreros...)

Guerras de la Liga Lombarda (en el siglo XIIXIII, el Papa apoyaba a las ciudades lombardas hostiles al Emperador germánico)

Guerras entre cristianos católicos y protestantes

(33)

Guerra Anglo-escocesa de 1559-1560 (católicos contra protestantes)

Las 3 revueltas bearnesas (siglo XVI y XVII, católicos contra hugonotes)

La 1ª y 2ª Guerra de los Obispos (siglo XVI, **presbiterianos contra anglicanos en Escocia;** 500 muertos entre ambas).

Guerras religiosas entre cristianos ANTES del protestantismo (10)

Guerra Pauliciana (Imperio Bizantino grecoortodoxo contra la secta herética pauliciana, s.IX) **Guerra Franco-Visigoda** (año 507, Clodoveo, franco

Guerra Palatinado-Bohemia (1618–1620, husitas y otros protestantes contra católicos, inicio de la

Guerra de los 30 años)

La Rebelión de los Descamisados (revueltas de protestantes "camisards" en el centro sur de Francia, de 1702 a 1715)

Guerra del Conde de Oldenburgo (guerra civil danesa, luego internacionalizada, de 1534-1536, protestantes contra católicos)

3 revueltas de los covenanters en Escocia

(presbiterianos contra católicos en 1666, 1679 y 1685) **Guerra del Diezmo Irlandés** (1831-1836, católicos irlandeses contra británicos anglicanos)

2 Guerras Kappel (católicos contra protestantes en

Suiza, en 1529 y 1531)

Guerra Religiosa de Maryland (1689-1692;

Maryland, única colonia inglesa católica en Norteamérica, pasó a control de puritanos y protestantes y el catolicismo prohibido durante 80 años).

Guerra de los 30 años (1618-1648, Francia y las potencias protestantes contra España y los católicos centroeuropeos, pero con **mil variantes coyunturales no religiosas**)

9 "Guerras de Religión" (del siglo XVI-XVII en

Europa, aunque la enciclopedia no las especifica) **Guerra de Esmalcalda** (protestantes contra católicos, s.XVI)

Alzamiento escocés contra María de Guisa

(s.XVI, protestantes contra una reina católica) **Guerra de Sonderbund**(1847, siete cantones

católicos contra el resto de Suiza, **menos de cien muertos)**

Las 2 guerras de Villmergen (s.XVI, entre cantones católicos y protestantes en Suiza) **Guerra entre Transilvania y los Habsburgo**

(católicos contra protestantes en el s.XVI).

Guerra Sueca (no se especifica: desde el siglo XVI y su paso al luteranismo, el país ha estado implicado en unas 16 guerras, algunas de factor religioso importante contra católicos.

GUERRAS ENTRE CRISTIANOS Y MUSULMANES (48)

Invasión almohade de España (s.XII)

Conquista musulmana de Cartago (s.VII)

14 guerras entre bizantinos y musulmanes (entre la aparición del Islam y el año 1000)

Reconquista cristiana de Toledo

Invasión de Carlomagno en Hispania (contra musulmanes)

Guerra de Crimea (1853-1856, las ortodoxas Rusia y Grecia contra los otomanos musulmanes... y sus aliados occidentales; empezó con una disputa por los Santos Lugares, pero la clave era el expansionismo rusoy la oposición occidental)

Las 9 cruzadas hacia Tierra Santa, cristianos contra musulmanes (aunque la cuarta es dudosa: eran occidentales saqueando Bizancio, sin razón religiosa), dejo 4 millones de muertos.

Guerra Santa de Saladino (musulmanes contra cruzados en el s.XII)

Reconquista cristiana de la Granada musulmana **Invasión Javanesa de Malaca** (1511, musulmanes javaneses contra portugueses en Malaca) **Gran Guerra de Java** (1825-1830, javaneses musulmanes contra holandeses en Indonesia) **Guerras Santas del Mulá Loco** (derviche de Somalia que lanzó una yihad en 1898 contra los colonizadores ingleses e italianos)

Guerra Civil Libanesa (de 1975 a 1990, en el país con más cristianos de Oriente, complicada por **la Guerra Fría, el nacionalismo panárabe, las injerencias de**

Siria e Israel...)

Cruzada de Nicópolis (1396, gran derrota de la alianza cristiana europea frente a los otomanos de Bayaceto)

Alfonso V de Portugal "el Africano" contra

Marruecos (1458-1471)

Portugal contra Marruecos (1578)

Portugueses contra omaníes en África oriental

(s.XVI)

Guerra serbo-turca (ortodoxos contra musulmanes) **6 guerras en España entre cristianos y musulmanes** (912-928; 977-997; 1001-1031; 1172-1212; 1230-1248; 1481-1492; sin duda hubo más.

Conquistas españolas en África del Norte (en el siglo XVI: Melilla, Orán, Argel, Bugía, Trípoli,

Túnez...)

Guerra entre Francia y Tukulor (califa islámico en Malí proclama yihad contra colonias francesas) en el s.XIX).

Guerra ruso-turca de 1877-1878

Guerras entre cristianos y paganos (3)

Sasánidas de Yazdegerd II contra romanos

Cristianos en 441 (Yazdegerd persiguió a los cristianos de Persia; la Enciclopedia no recoge su guerra contra los cristianos armenios en Avarair 451)

Invasión de Carlomagno contra paganos sajones Guerra Danesa-Estonia (siglo XIII, daneses papistas contra paganos estonios)

OTRAS GUERRAS CON MUSULMANES (8)

Guerra entre Meca y Medina (en época de Mahoma:

Medina era el bando musulmán)

Guerra Padri(s.XIX en Sumatra; los padris eran yihadistas, contra los adats, indonesios apoyados por

Holanda)

Guerra Civil Persa (1500-1503, los saváfidas imponen el islam chií como religión oficial)

Rebelión rajput contra el Gran Mogol Aurangzeb

(s.XVII, hindúes y minorías contra un unificador islámico)

Revuelta Jurramita(el califato musulmán abásida en Persia, en el siglo VIII, contra los mazdaquitas, una variante de la religión dualista persa, el mazdeísmo) **Revuelta de Muqanna** (s.VIII, el persa Muqanna, que decía ser una encarnación divina, contra los musulmanes abásidas)

Partición de la India y Pakistán (al irse los británicos, división entre regiones hindúes y musulmanas, entre 1947 y 1957, con entre 10 y 12 millones de desplazados, quizá 2 millones de muertos)

Guerras de Vijayanagar(un imperio hindú contra sultanatos musulmanes, siglo XVI)

GUERRAS CONTRA EL ESTADO (4)

Revuelta Shimabara en Japón (1637-1638, cristianos perseguidos y campesinos oprimidos contra samurais paganos; cristianismo prohibido)

Insurrecciones mexicanas-Guerras Cristeras (1927-

1929, regulares laicistas contra campesinos católicos) **Revolución Brabanzona** (en 1787 y 1790, en Bélgica, católicos contra medidas laicistas del rey)

Alzamiento de la Danza Fantasma (indios paganos masacrados por el Gobierno de EEUU en WoundedKnee en 1890)

CASOS PECULIARES (6)

3 Guerras Sagradas de Grecia pagana (siglo VI a IV a.C, por los recursos del Oráculo de Delfos; **hubo una cuarta guerra pero la enciclopedia no la valora como religiosa**)

Juliano el Apóstata contra los persas sasánidas (421-

422; Juliano y su facción pagana querían gloria militar)

Las Centurias Negras en Rusia (principios del siglo XX, **xenófobos ultraortodoxos zaristas y antisemitas** contra civiles judíos)

Masacre de Mountain Meadows(1857, una milicia mormona mata a una caravana de emigrantes hostiles) **Guerra Castellano-Aragonesa** (la guerra de los dos

Pedros de 1356 a 1375) [28]

¿Que dice la Iglesia católica sobre las Guerras?

El Catecismo de la Iglesia Católica explica su doctrina sobre la guerra en los párrafos del 2302 al 2317.

"El quinto mandamiento condena la destrucción voluntaria de la vida humana. A causa de los males y de las injusticias que ocasiona toda guerra, **la Iglesia insta constantemente a todos a orar y actuar para que la bondad divina nos libre de la antigua servidumbre de la guerra**. Todo ciudadano y todo gobernante están obligados a **empeñarse en evitar las guerras.** Sin embargo, "mientras exista el riesgo de guerra y falte una autoridad internacional competente y provista de la fuerza correspondiente, una vez agotados todos los medios de acuerdo pacífico, no se podrá negar a los gobiernos el derecho a la legítima defensa". [...]

"Iglesia insta constantemente a todos a orar y actuar para que la Bondad divina…"; la oración para enfrentarse; solo encontro la guerra y sobre la bondad divina dejo mucho que desear.

El Papa Francisco anunció que el 2 de marzo de 2020, aniversario de la elección de **Pío XII** en ese mismo día de 1939, que el Vaticano pondrá a disposición de los investigadores todos los documentos sobre este pontificado y su papel en la Segunda Guerra Mundial.

Quieren saber si colaboro con Hitler o defendió a los Judios.

RELIGIONES DEL MUNDO EN PORCENTAJE

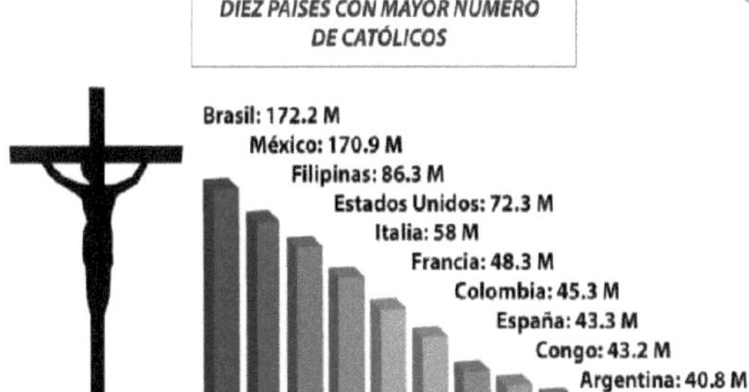

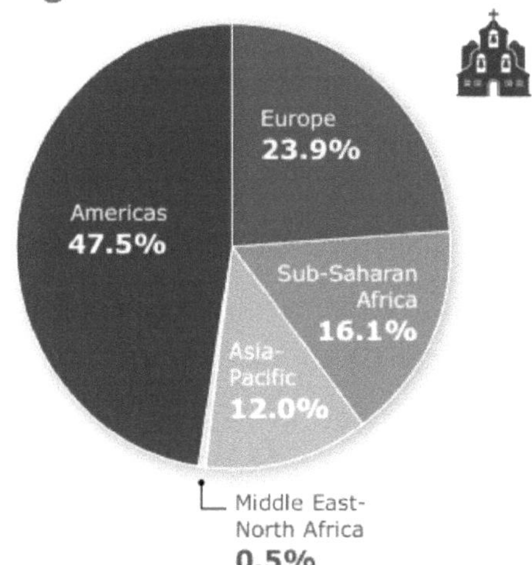

Source: http://www.pewforum.org

REFERENCIAS ELECTRÓNICAS

https://es.wikipedia.org/wiki/Guerra_de_los_Dos_Pedr os https://www.significados.com/arrianismo/ https://www.muscaria.com › anita-moorjani

https://www.eltelegrafo.com.ec/noticias/mitos/1/findel- mundo-en-1999.

https://www.biografiasyvidas.com/biografia/p/pio_xii. htm

https://es.slideshare.net/rossany070/misionesestadsticas-2012.

https://www.ateoyagnostico.com/2010/10/25/incoherencias-de-la-biblia/

SOBRE EL AUTOR

Magister en especulación y conjeturas.

Director de la Cátedra de discusiones, golpes y enfrentamientos ideológicos.

Magister en exégesis Bíblica, especialista en recuperación y formateo cerebral.

Egresado de la Universidad Central Autónoma de Autodidactas de la República Bolivariana de Venezuela.

Afiliado actualmente al Gremio de desempleados vagos y sin oficio.

AGRADECIMIENTOS

A mi esposa; que aún teniendo creencias cristiana; con valentía y serenidad se atrevió a leer la obra hasta el final sin solicitar el divorcio.

A todos los lectores, por haber llegado a ésta página.

REFERENCIAS

[1] Bartolomé de las Casas. Historia de las Indias (Casas, 1559)

[2] AroupChatterjee es un médico de 58 años, nacido en Calcuta que ha luchado durante 25 años para que la Madre Teresa no fuera declarada santa, convirtiéndose así en uno de los grandes críticos de uno de los íconos mun-diales de la paz y la fe católica de los últimos 30 años.

[3] El Concilio de Trento fue un concilio ecuménico de la Iglesia católica desa-rrollado en periodos discontinuos durante veinticinco sesiones entre los años 1545 y 1563. Tuvo lugar en Trento, una ciudad del norte de la Italia actual, que entonces era una ciudad imperial libre regida por un príncipe-obispo

[4] MaeykensWensLider femenina del movimiento Anabaptista

[5] 1 -Los amish son un grupo etnorreligioso protestante

2 -Anabaptista, conocidos principalmente por su estilo de vida sencilla, vestimenta modesta y tradicional, su resistencia a adoptar comodidades y tecnologías modernas, como son las relacionadas con la electricidad

[6] 1.-Festividad religiosa que se celebra cincuenta días después de Pascua, en que los judíos conmemoran el día en que Dios les dio la ley en el monte Sinaí-Festividad religiosa que se celebra cincuenta días después de Pascua, en que los cristianos

2.-Conmemoran la venida del Espíritu Santo sobre los apóstoles del griego pentekostos (quincuagésimo), es una fiesta judía anual, conocida también como la Fiesta de las Semanas, una celebración de los primeros frutos de la cosecha.

[7] En lógica se conoce como argumento ad hominem (del latín, 'contra el hombre'

[8] http://bibviz.com

[9] En diciembre de 1945, unos campesinos encontraron por casualidad 13 códices en papiro con un total de 52 textos cerca de la población de NagHammadi (Alto Egipto). Muchos atribuyen estos documentos del siglo IV a los gnósticos, que son miembros de una corriente filosófica y religiosa conocida como gnosticismo.

[10] Flavio Valerio Aurelio Constantino (Naissus,

27 de febrero de c. 272 Nico-media, Bitinia y Ponto, 22 de mayo de 337) fue Emperador de los romanos.

[11] Juan Calvino. (Jean Cauvin o Calvin; Noyon, Francia, 1509 - Ginebra, 1564) Teólo-go y reformador protestante.

[12] Horus era un feroz y orgulloso dios del antiguo Egipto. Horus era el hijo de Osiris, el dios del aire y la Tierra, y la diosa Isis.

[13]-Anún En la mitología sumeria, An (en sumerio era el dios del cielo)

[14] NASA La Administración Nacional de la Aeronáutica y del Espacio

[15] El término «complejidad irreducible define un sistema compuesto de varias partes que interactúan en conjunto para contribuir a su función

básica, tal que la eliminación de una parte cualquiera causa la ineficacia de todo el mecanismo.

[16] Michael J. Behe (Altoona, Pensilvania, 18 de enero de 1952) es un

bio-químico estadounidense defensor del diseño inteligente

[17] La energia no se crea ni se destruye La ley de la conservación de la energía fue descubierta a mediados del siglo XIX gracias a los trabajos de Mayer, Joule, Helmholtz y otros

[18] "El todo puede ser explicado nada más que con la suma de sus partes consti-tuyentes

[19] [era geológica] Que es la más antigua y precede a la era primaria o paleo-zoica; se extiende desde la formación de la corteza terrestre hace unos 4 500 millones de años hasta el comienzo de la vida en los mares hace unos 570 millones de años

[20] Actitud contraria a cualquier cambio o desviación en las doctrinas y las prácticas que se consideran esenciales e inamovibles en un sistema ideológico, especialmente religioso

[21] Anita Moorjani nació en Singapur, hija de padres indios. Se mudó a Hong Kong cuando tenía dos años y desde entonces ha vivido toda su vida allí. Anita estuvo trabajando en el mundo empresarial durante muchos años has-ta que le diagnosticaron un cáncer en abril de 2002

[22] Eben Alexander III (nacido en diciembre de

1953 en Charlotte, Carolina del Norte, EE.UU.) es un neurocirujano estadounidense, profesor de la Escuela de Medicina de Harvard y autor del bestsellerProof of Heaven

[23]

https://www.nderf.org/Spanish/nderf_ndes_span ish

[24] **La pareidolia es un fenómeno neuropsicológico por el cual las personas que lo experimentan creer ver formas o contenidos visualsque en realidad no están allí**

[25] **(1934 - 1996). Carl Edward Sagan (9 de noviembre de 1934 Nueva York-20 de diciembre de 1996 Seattle) popular astrónomo y divulgador científico de Estados Unidos**

[26] **Frederick Bailey era un esclavo que vivió a principios del siglo XIX, en Mary-land. E.U, A los esclavos les habían metido en la cabeza, tanto en la plantación como desde el púlpito, el tribunal y la cámara legislativa, la idea que eran in-feriores hereditariamente, que Dios los destinó a la miseria**

[27] **Se conoce como arrianismo al conjunto de doctrinas fundadas por Arrio (256-336 d.c) que se caracterizan por negar la misma condición divina entre Jesús y Dios**

Printed by Books on Demand GmbH, Norderstedt / Germany